D1729685

Mit freundlicher Empfehlung

ADHS bei Erwachsenen

50 Fragen und Antworten

Herausgegeben von
Tobias Banaschewski
Wolfgang Retz
Michael Rösler

Unter Mitarbeit von
Bernhard Otto
Wolfgang Paulus
Rolf Peters
Harald Scherk

12 Abbildungen

Georg Thieme Verlag
Stuttgart · New York

*Bibliografische Information
der Deutschen Nationalbibliothek*

Die Deutsche Nationalbibliothek verzeichnet diese Publikation in der Deutschen Nationalbibliografie; detaillierte bibliografische Daten sind im Internet über http://dnb.d-nb.de abrufbar.

Medizinische Redaktion
Daniel Neubacher, Oberursel

Die Drucklegung dieser Publikation wurde unterstützt durch Medice Pharma GmbH & Co. KG, Iserlohn.

Wichtiger Hinweis: Wie jede Wissenschaft ist die Medizin ständigen Entwicklungen unterworfen. Forschung und klinische Erfahrung erweitern unsere Erkenntnisse, insbesondere was Behandlung und medikamentöse Therapie anbelangt. Soweit in diesem Werk eine Dosierung oder eine Applikation erwähnt wird, darf der Leser zwar darauf vertrauen, dass Autoren, Herausgeber und Verlag große Sorgfalt darauf verwandt haben, dass diese Angabe **dem Wissensstand bei Fertigstellung des Werkes** entspricht.

Für Angaben über Dosierungsanweisungen und Applikationsformen kann vom Verlag jedoch keine Gewähr übernommen werden. **Jeder Benutzer ist angehalten,** durch sorgfältige Prüfung der Beipackzettel der verwendeten Präparate und gegebenenfalls nach Konsultation eines Spezialisten festzustellen, ob die dort gegebene Empfehlung für Dosierungen oder die Beachtung von Kontraindikationen gegenüber der Angabe in diesem Buch abweicht. Eine solche Prüfung ist besonders wichtig bei selten verwendeten Präparaten oder solchen, die neu auf den Markt gebracht worden sind. **Jede Dosierung oder Applikation erfolgt auf eigene Gefahr des Benutzers.** Autoren und Verlag appellieren an jeden Benutzer, ihm etwa auffallende Ungenauigkeiten dem Verlag mitzuteilen.

© 2013 Georg Thieme Verlag KG
Rüdigerstraße 14
70469 Stuttgart
Deutschland
Unsere Homepage: www.thieme.de

Zeichnungen: Ziegler + Müller, Kirchentellinsfurt
Umschlaggestaltung: Thieme Verlagsgruppe
Satz: Ziegler + Müller, Kirchentellinsfurt
Druck und Buchbinder: L.E.G.O. S.p.A., Vicenza, Italy

ISBN 978-3-13-172371-0   1 2 3 4 5 6

Vorwort

Die Diagnose und Therapie der Aufmerksamkeitsdefizit-Hyperaktivitätsstörung (ADHS) haben eine lange Tradition: Schon im Jahr 1775 hat der deutsche Arzt und Hofarzt der russischen Zarin Katharina II., Melchior Adam Weikard, ein durch Störungen der Aufmerksamkeit gekennzeichnetes klinisches Bild unter der Bezeichnung „Attentio Volubilis" einem medizinischen Fachpublikum vorgestellt. Diese aus heutiger Sicht unverändert interessante Darstellung wurde kürzlich in einer Publikation aufgegriffen und genauer beleuchtet [1]. Später haben der Frankfurter Psychiater Heinrich Hoffmann im „Struwwelpeter" (1845) sowie auf wissenschaftlicher Ebene Franz Max Albert Kramer und Hans Pollnow (1932) weitere Beschreibungen des Störungsbildes im Kindesalter vorgestellt.

Trotz dieser langen Historie wurde erst in den 1970er-Jahren deutlich, dass es sich bei ADHS eben nicht um ein rein kindbezogenes Problem handelt, welches sich während der Pubertät oder spätestens mit dem 18. Lebensjahr auswächst. Hier war es insbesondere der US-Amerikaner Paul Wender, der die klinische Bedeutung der Störung im Erwachsenenalter aufzeigte [2, 3]. In Deutschland erfolgte eine intensivere wissenschaftliche Auseinandersetzung mit der Störung bei Erwachsenen, unter anderem mit dem ersten Symposium der DGPPN zu ADHS im Erwachsenenalter (2001) und der Erstellung der Leitlinien „ADHS im Erwachsenenalter" (2003) [4]. Diese Entwicklung wird aktuell mit der Erarbeitung einer S3-Leitlinie unter Beteiligung von Kinder- und Jugendpsychiatern, Pädiatern und Erwachsenenpsychiatern fortgesetzt.

Ungeachtet der heutigen Beurteilung als chronische Störung wird die ADHS in der erwachsenenpsychiatrischen Praxis wahrscheinlich insgesamt unterschätzt. Nach (konservativer) Annahme einer Prävalenz von einem Prozent bei 20- bis 60-jährigen Personen ist allein in Deutschland mit 320 000 von ADHS Betroffenen zu rechnen. Es ist davon auszugehen, dass ein großer Teil dieser Erwachsenen trotz eines zum Teil sehr hohen Leidensdrucks keine entsprechende Diagnose erhalten hat.

Ein wichtiger Fortschritt für die Behandlung erwachsener ADHS-Patienten ist die vor Kurzem erteilte Zulassung einer ersten medikamentösen Therapie. Dieser lange erwartete Schritt zur Rechtssicherheit bei der Verordnung einer Stimulanzientherapie schließt eine bis dahin bestehende Versorgungslücke. Es wird damit insbesondere der langjährigen klinischen Beobachtung von Medizinern Rechnung getragen, die bei einem Teil ihrer Patienten persistierende Symptome sowie massive Probleme aufgrund einer ADHS feststellen und einen im Erwachsenenalter fortgesetzten Behandlungsbedarf sehen [5].

Das vorliegende Praxishandbuch soll dazu anregen, sich mit dem Störungsbild der ADHS bei Erwachsenen intensiv auseinanderzusetzen. Es soll dazu beitragen, bestehende Fragen zu diagnostischen, therapeutischen und praktischen (z. B. sozialrechtlichen) Aspekten zu klären und gibt Anregung für weiterführende Lektüre. An dieser Stelle ist insbesondere zu erwähnen, dass die Diagnose einer ADHS im Erwachsenenalter in der erwachsenenpsychiatrischen Praxis gestellt werden kann und im Interesse der Betroffenen auch gestellt werden soll.

Von ADHS betroffene Menschen haben zum Teil den Ruf, „schwierige" Patienten oder „Problempatienten" zu sein. Die langjährige klinische Erfahrung mit dieser Patientengruppe zeigt jedoch, dass diese Einschätzung allenfalls auf einen kleineren Teil der Patienten in der psychiatrischen Praxis zutrifft. Viele Betroffene sind lebendige, charmante und ideenreiche Familienväter oder -mütter, die ihr Handicap oft seit dem Vorschulalter mit individuellen Coping-Strategien zu kontrollieren versuchen. In der Praxis wird man bei der Mehrzahl der erwachsenen Patienten eine psychiatrische Komorbidität diagnostisch und therapeutisch mit berücksichtigen müssen. Wird bei diesen Patienten die Diagnose korrekt gestellt, nehmen sie Behandlungsangebote in der Regel hoch motiviert an und setzen diese auch langfristig engagiert um. In der Klinik und Praxis erweist sich daher die Auseinandersetzung mit erwachsenen ADHS-Patienten in dieser Hinsicht vielfach als ausgesprochen dankbares Feld.

Referenzen

1 Barkley RA, Peters H. The Earliest Reference to ADHD in the Medical Literature? Melchior Adam Weikard's Description in 1775 of "Attention Deficit" (Mangel der Aufmerksamkeit, Attentio Volubilis). J Attention Disorders. Published online first, 8 February 2012, DOI: 10.1177/1087054711432309
2 Wender PH. Attention Deficit Hyperactivity Disorder in Adults. Psychiatr Clin North Am 1998; 21(4): 761–774
3 Wender PH et al. Adults with ADHD. An overview. Ann NY Acad Sci. 2001; 931: 1–16
4 Ebert D et al. ADHS im Erwachsenenalter – Leitlinien auf der Basis eines Expertenkonsensus mit Unterstützung der DGPPN. Der Nervenarzt 2003; 10: 939–946
5 Adam C et al. Der Verlauf von Aufmerksamkeitsdefizit-/Hyperaktivitätsstörungen (ADHS) im Jugend- und Erwachsenenalter. Kindheit und Entwicklung 2002; 11: 73–82

Anschriften

Herausgeber

Prof. Tobias Banaschewski
Zentralinstitut für Seelische Gesundheit
J 5
68159 Mannheim

Prof. Wolfgang Retz
Institut für Gerichtliche Psychologie und Psychiatrie
Neurozentrum
Universität des Saarlandes
Kirrberger Straße
66421 Homburg/Saar

Prof. Michael Rösler
Institut für Gerichtliche Psychologie und Psychiatrie
Neurozentrum
Universität des Saarlandes
Kirrberger Straße
66421 Homburg/Saar

Autoren

Bernhard Otto
Theodor-Heuss-Str. 28
38444 Wolfsburg

Dr. Wolfgang Paulus
Geiststraße 79
48151 Münster

Dr. Rolf Peters
St. Ulrich 33B
79283 Geiersnest

PD Dr. med. Harald Scherk, M. A.
AMEOS Klinikum Osnabrück
Ärztlicher Direktor
Knollstraße 31
49088 Osnabrück

Inhaltsverzeichnis

Ursachen der ADHS

1 Welche Ursachen und Auslösefaktoren werden für die Entstehung einer ADHS vermutet?

Bei ADHS handelt es sich nach heutiger Auffassung um eine heterogene Störung. Es wird eine komplexe multifaktorielle Pathogenese angenommen. Man geht davon aus, dass zahlreiche Gene mit variablem und für sich genommen eher mäßigem Effekt mit einer Vielzahl von Umgebungsfaktoren interagieren [1,2]. Offenbar kann aus diesen Interaktionen ein ganzes Spektrum biologischer Risikokonstellationen resultieren, die womöglich durch Umwelt- und genetische Faktoren erneut modifiziert werden [3]. In der Konsequenz resultieren abweichende psychopathologische und pathophysiologische Profile von ADHS.

Ein wichtiger Einfluss von Umgebungsfaktoren wird insbesondere während der sensiblen Phasen der fetalen Entwicklung sowie in den ersten Lebensmonaten vermutet [4,5]: Dabei wird häufig nach pränatalen, perinatalen und postnatalen Faktoren differenziert; eine Bedeutung von Einflussgrößen in allen diesen Bereichen für die Pathophysiologie von ADHS gilt als erwiesen [6]. Als pränatale Risikofaktoren wurden Rauchen während der Schwangerschaft [7,8] sowie eine Stresssymptomatik der Mutter [9] in dieser Zeit beschrieben; die Befunde zu den Risiken eines Alkoholkonsums sind uneinheitlich [10,11]. Als perinatale Risikofaktoren wurden Frühgeburt [12], niedriges Geburtsgewicht und Geburtskomplikationen [13] berichtet, wobei hier bislang keine klare Differenzierung gelungen ist. Bei postnatalen Risiken werden physikalische (unter anderem Hirntrauma, Bleiexposition) sowie soziale und Beziehungsfaktoren (unter anderem Erziehungseinflüsse und psychische Auffälligkeiten der Eltern) als mögliche Ursachen diskutiert [14–16].

Die Interpretation dieser Befunde ist zum Teil schwierig, da eine Untersuchung der Risiken in den Studien retrospektiv erfolgte. Darüber hinaus wird sie auch deshalb erschwert, weil keine Differenzierung nach den Subtypen erfolgte und der dimensionale und Entwicklungscharakter der ADHS nicht immer berücksichtigt wurde. Insofern sind Ergebnisse einer neueren Untersuchung [17] interessant, bei der frühe Merkmale von Hyperaktivität/Impulsivität oder Unaufmerksamkeit in einer Kohorte von Neugeborenen über die ersten 8 Lebensjahre beobachtet und der Einfluss möglicher prä-, peri- und postnataler Risikofaktoren für ADHS prospektiv überprüft wurde. Darin wurden folgende Risikofaktoren sowohl für die Entwicklung von Hyperaktivität/Impulsivität als auch für Unaufmerksamkeit genannt: ein zu früher Geburtstermin, ein niedriges Geburtsgewicht, Tabakkonsum der Mutter während der Schwangerschaft, nicht intakte Familienverhältnisse, ein niedriges Alter zum Zeitpunkt der Entbindung, antisoziales Verhalten in der Anamnese des Vaters sowie eine Depression in der Anamnese der Mutter.

Insgesamt geht man von einem breiten Spektrum sehr früher Risikofaktoren für die Entwicklung einer ADHS aus. Pränatale, perinatale soziale und parenterale psychopathologische Variablen können unabhängig voneinander die Wahrscheinlichkeit erhöhen, dass anhaltend erhöhte Level für Hyperaktivität/Impulsivität und Unaufmerksamkeit resultieren. Dies legt die Möglichkeit nahe, dass eine Beeinflussung von modifizierbaren Risikofaktoren der Ausprägung der Störung entgegenwirken könnte. Dabei scheint die Dauer des Einflusses der Umgebungsfaktoren ebenfalls eine Rolle zu spielen [18].

2 Welche Gene/Genpolymorphismen werden mit der Ausprägung von ADHS in Verbindung gebracht?

Familien-, Adoptions- und Zwillingsstudien sprechen für eine starke genetische Komponente der ADHS. Eine familiäre Häufung wurde nachgewiesen. Nach Zwillingsstudien beträgt die Heritabilität der Störung 60–90 % [19]. Ergebnisse einer Metaanalyse von 20 unabhängigen Zwillingsstudien weisen auf eine mittlere Heritabilität von 76 % [20] hin, sodass von einem hohen Einfluss genetischer Faktoren auszugehen ist, gerade auch im Vergleich zu anderen psychiatrischen Störungen [21]. Die Wahrscheinlichkeit für eine Ausprägung ist bei Verwandten ersten Grades von Kindern mit ADHS um den Faktor 2–8 erhöht [22,23]. Geschwister und Eltern von Kindern mit ADHS weisen die Störung in 10–35 % der Fälle auf [24].

Diese und andere Befunde haben zur intensiven Suche nach Genpolymorphismen geführt, die an der Ausprägung von ADHS beteiligt sind. Dabei wurden zahlreiche Kandidatengene identifiziert, von denen die meistuntersuchten in Zusammenhang mit dem dopaminergen Neurotransmittersystem stehen [25]. Belegt ist unter anderem eine Assoziation zwischen ADHS und dem Dopamin-Rezeptor D4-Gen (DRD4). Eine Metaanalyse von 30 Studien wies ein zwar statistisch signifikantes, aber nur mäßig erhöhtes Risiko für die Ausprägung der Störung bei Trägern des DRD4-7-Repeat-Allels nach [26,27]. Es gibt Anhaltspunkte für eine funktionelle Bedeutung dieses Allels, wonach die Funktion des Rezeptors hierdurch verändert, d. h. weniger sensitiv für Dopamin ist [28]. Insgesamt wird das Vorhandensein dieser genetischen Variante eher mit Verhaltensmerkmalen als mit der Ausprägung kognitiver Defizite in Verbindung gebracht. Eventuell wirkt es sich auf den Verlauf der ADHS aus. Diskutiert werden unter anderem eine höhere zeitliche Persistenz der Störung [29] und ein Einfluss auf die Assoziation zwischen ADHS und dem Auftreten einer Störung des Sozialverhaltens [30].

Ein anderes untersuchtes Kandidatengen ist das humane Dopamin-Transporter-Gen 1 (DAT1). Hier zeigten familienbasierte Assoziationsstudien insgesamt uneinheitliche Resultate; in einer Metaanalyse war eine Beteiligung von DAT1 an der Ätiologie der ADHS nicht signifikant nachweisbar [31]. Als eine mögliche Bedeutung von DAT1-Allelen wird unter anderem diskutiert, dass sie das Risiko für die Entwicklung einer ADHS in einer Interaktion mit Umweltrisiken beeinflussen könnten. Eine solche Moderation von Gen-Umwelt-Interaktionen könnte z.b. bei Rauchen und Alkoholkonsum in der Schwangerschaft oder durch negative psychosoziale Einflüsse gegeben sein [32,33]. Eine ebenfalls beträchtliche Anzahl von Studien zu Kandidatengenen des serotonergen (z.B. 5-HTT, HTR1B) und noradrenergen (z.B. NET1) Systems ergab zum Teil Hinweise auf Assoziationen zur ADHS, jedoch waren die Befunde zum Teil widersprüchlich und die berichteten Effekte insgesamt gering.

Zum besseren Verständnis der Heritabilität der ADHS werden in neuerer Zeit genomweite Assoziationsstudien durchgeführt (GWAS). Diese bieten auf der Basis von Mikroarray-Analysen die Möglichkeit, große Zahlen von Patienten im Vergleich zu Kontrollen hoch effektiv auf krankheitsrelevante Genvarianten zu screenen. Hier haben erste GWAS sowie Metaanalysen von GWAS mit vergleichsweise höherer statistischer Power zunächst keine signifikanten Assoziationen zur ADHS aufzeigen können [34]. Andere GWAS ergaben jedoch beispielsweise, dass 45 von 85 der als potenziell relevant eingestuften Kandidatengene für Proteine codieren, die in der Entwicklung des Zentralnervensystems hohe Bedeutung haben. Hier wurden z.B. Anhaltspunkte gefunden, dass diese Proteine an neuronalen Entwicklungsnetzwerken beteiligt sind, die das gerichtete Auswachsen von Neuriten steuern [35]. Interessanterweise konnten im Tierexperiment zudem Anhaltspunkte gefunden werden, dass einige dieser Netzwerkproteine durch den Einfluss von Stimulanzien direkt moduliert werden können. Diese und weitere Resultate der GWAS müssen in weiteren Studien noch bestätigt werden. Insgesamt deutet sich jedoch an, dass Gene wie z.B. CDH13, die über die Expression von Cadherin13 neurale Migration und neuronale Adhäsion beeinflussen, an der Ätiologie der ADHS beteiligt sein könnten [36]. Aus diesen und weiteren Befunden ergeben sich derzeit wichtige Anregungen für die Konzeption weiterer molekulargenetischer Studien zur ADHS.

Fazit

Molekulargenetische Befunde legen nahe, dass ADHS einen komplexen Erbgang aufweist. Die Effekte einzelner Kandidatengene erscheinen für die Ätiologie der ADHS insgesamt gering [37,38]. Es gilt als unwahrscheinlich, dass einzelne Gene gefunden werden, die für sich genommen einen substanziellen Anteil der beobachteten ADHS-Varianzen erklären [39]. An der Entstehung von ADHS scheint vielmehr eine Interaktion multipler Genvarianten beteiligt zu sein, die durch Umweltfaktoren und -risiken wesentlich beeinflusst wird.

Referenzen

1 Taylor E. Developing ADHD. J Child Psychol Psychiatry 2009; 50(1–2): 126–132

2 Steinhausen HC. The heterogeneity of causes and courses of attention-deficit/hyperactivity disorder. Acta Psychiatr Scand 2009; 120: 392–399

3 Sonuga-Barke E. In: Banaschewski T, Coghill D, Danckaerts M et al. ADHD and hyperkinetic Disorder. Chapter: Pathogenesis. Oxford: Oxford University Press; 2009

4 Sonuga-Barke EJ, Halperin JM. Developmental phenotypes and causal pathways in attention deficit/hyperactivity disorder: potential targets for early intervention? J Child Psychol Psychiatry 2010; 51(4): 368–389

5 Sonuga-Barke EJ. Editorial: "It's the environment stupid!" On epigenetics, programming and plasticity in child mental health. J Child Psychol Psychiatry 2010; 51(2): 113–115

6 Taylor E, Rogers JW. Practitioner review: early adversity and developmental disorders. J Child Psychol Psychiatry 2005; 46(5): 451–467

7 Cornelius MD, Day NL. Developmental consequences of prenatal tobacco exposure. Curr Opin Neurol 2009; 22(2): 121–125

8 Linnet KM et al. Maternal lifestyle factors in pregnancy risk of attention deficit hyperactivity disorder and associated behaviors: review of the current evidence. Am J Psychiatry 2003; 160(6): 1028–1040

9 O'Connor TG et al. Maternal antenatal anxiety and behavioural/emotional problems in children: a test of a programming hypothesis. J Child Psychol Psychiatry 2003; 44(7): 1025–1036

10 Linnet KM et al. Maternal lifestyle factors in pregnancy risk of attention deficit hyperactivity disorder and associated behaviors: review of the current evidence. Am J Psychiatry 2003; 160(6): 1028–1040

11 Rodriguez A et al. Is prenatal alcohol exposure related to inattention and hyperactivity symptoms in children? Disentangling the effects of social adversity. J Child Psychol Psychiatry 2009; 50(9): 1073–1083

12 Bhutta AT et al. Cognitive and behavioral outcomes of school-aged children who were born preterm: a meta-analysis. JAMA 2002; 288(6): 728–737

13 Milberger S et al. Pregnancy, delivery and infancy complications and attention deficit hyperactivity disorder: issues of gene – environment interaction. Biol Psychiatry 1997; 41 (1): 65–75

14 Galéra C et al. Early risk factors for hyperactivity-impulsivity and inattention trajectories from age 17 months to 8 years. Arch Gen Psychiatry 2011; 68(12): 1267–1275

15 Millichap JG. Etiologic classification of attention-deficit/hyperactivity disorder. Pediatrics. 2008; 121(2): e358–e365

16 Froehlich TE et al. Association of tobacco and lead exposures with attention-deficit/hyperactivity disorder. Pediatrics 2009; 124(6): e1054–e1063

17 Galéra C et al. Early risk factors for hyperactivity-impulsivity and inattention trajectories from age 17 months to 8 years. Arch Gen Psychiatry 2011; 68(12): 1267–1275

18 Sonuga-Barke E. In: Banaschewski T, Coghill D, Danckaerts M et al. ADHD and hyperkinetic Disorder. Chapter: Pathogenesis. Oxford: Oxford University Press; 2009

19 Thapar E et al. Does the definition of ADHD affect heritability? J Am Acad Child Adolesc Psychiatry 2000; 39(12): 1528–1536

20 Faraone SV et al. Molecular genetics of attention-deficit/hyperactivity disorder. Biol Psychiatry 2005; 57(11): 1313–132

21 Banaschewski T. Genetik. In: Steinhausen HC, Rothenberger A, Döpfner M, Hrsg. Handbuch ADHS. Stuttgart: W. Kohlhammer: 2010: 114

22 Mick E, Faraone SV. Genetics of attention deficit hyperactivity disorder. Child Adolesc Psychiatr Clin N Am 2008; 17(2): 261–284, vii–viii

23 Waldman ID, Gizer IR. The genetics of attention deficit hyperactivity disorder. Clin Psychol Rev 2006; 26(4): 396–432

24 Biederman J et al. Further evidence for family-genetic risk factors in attention deficit hyperactivity disorder. Patterns of comorbidity in probands and relatives psychiatrically and pediatrically referred samples. Arch Gen Psychiatry 1992; 49(9): 728–738

25 Banaschewski T et al. Molecular genetics of attention-deficit/hyperactivity disorder: an overview. Eur Child Adolesc Psychiatry 2010; 19: 237–257

26 Faraone SV et al. Meta-analysis of the association between the 7-repeat allele of the dopamine D(4) receptor gene and attention deficit hyperactivity disorder. Am J Psychiatry 2001; 158(7): 1052–1057

27 Li D et al. Meta-analysis shows significant association between dopamine system genes and attention deficit hyperactivity disorder (ADHD). Hum Mol Genet 2006; 15(14): 2276–2284

28 Asghari V et al. Modulation of intracellular cyclic AMP levels by different human dopamin D4 receptor variants. J Neurochem 1995; 65(3): 1157–1165

29 Langley K et al. Molecular genetic contribution to the developmental course of attention-deficit hyperactivity disorder. Eur Child Adolesc Psychiatry 2009; 18(1): 26–32

30 Holmes J et al. Association of DRD4 in children with ADHD and comorbid conduct problems. Am J Med Genet 2002; 114(2): 150–153

31 Li D et al. Meta-analysis shows significant association between dopamine system genes and attention deficit hyperactivity disorder (ADHD). Hum Mol Genet 2006; 15(14): 2276–2284

32 Brookes KL et al. A common haplotype of the dopamine transporter gene associated with attention-deficit/hyperactivity disorder and interacting with maternal use of alcohol during pregnancy. Arch Gen Psychiatry 2006; 63(1): 74–81

33 Laucht M et al. Interacting effects of the dopamin transporter gene and psychosocial adversity on attention-deficit/hyperactivity disorder symptoms among 15-year-olds from a high-risk community sample. Arch Gen Psychiatry 2007; 64(5): 585–590

34 Neale BM, Medland SE et al. Meta-analysis of genome-wide association studies of attention-deficit/hyperactivity disorder. J Am Acad Child Adolesc Psychiatry 2010; 49(9): 884–897

35 Poelmans G, Pauls DL et al. Integrated genome-wide association study findings: identification of a neurodevelopmental network for attention deficit hyperactivity disorder. Amer J Psychiatry 2011; 168(4): 365–377

36 Banaschewski T et al. Molecular genetics of attention-deficit/hyperactivity disorder: an overview. Eur Child Adolesc Psychiatry 2010; 19: 237–257

37 Coghill D, Banaschewski T. The genetics of attention-deficit/hyperactivity disorder. Expert Rev Neurother 2009; 9(10): 1547–1565

38 Faraone SV, Mick E, Molecular genetics of attention deficit hyperactivity disorder. Psychiatr Clin North Am 2010; 33(1): 159–180

39 Sonuga-Barke E. In: Banaschewski T, Coghill D, Danckaerts M et al. ADHD and hyperkinetic Disorder. Chapter: Pathogenesis. Oxford: Oxford University Press; 2009

Verlauf von ADHS und klinisches Bild im Erwachsenenalter (Transition)

3 *Ab welchem Alter macht sich die Erkrankung bemerkbar? Welches sind die typischen Symptome im Kindesalter?*

Auch wenn bei einem Teil der Kinder und Jugendlichen von einer teilweisen oder sogar vollständigen Remission berichtet wird, handelt es sich bei der ADHS um eine chronische Störung, bei der sich die Symptome schon im frühen Kindesalter manifestieren und die im Erwachsenenalter meist weiter bestehen. Es wird angenommen, dass Vorläufer einer ADHS-Symptomatik bereits im Säuglings- und Kleinkindalter auftreten können [1]. Hypothetisch werden hier unter anderem Auffälligkeiten im Temperament und der Selbstkontrolle als früher Ausdruck einer Disposition für die Entwicklung von ADHS diskutiert. Schätzungen zufolge sind für eine ADHS relevante Verhaltensauffälligkeiten bei der Hälfte der hyperaktiven Kinder im Alter von 3 Jahren nachweisbar. Die Störung kann im Prinzip zu dieser Zeit von erfahrenen Kinder- und Jugendpsychiatern bei Verwendung der altersangepassten (modifizierten) DSM-IV-Kriterien diagnostiziert werden. In der Praxis sollte eine Diagnose im Vorschulalter jedoch zurückhaltend gestellt werden, da der Entwicklungsverlauf variabel ist und sich eine mögliche Persistenz der Symptome nur schwer vorhersagen lässt [2, 3]. Grundsätzlich wird eine spezifische ADHS-Diagnostik bei Kindern ab einem Alter von 6 Jahren empfohlen.

Bei Kindern im Grundschulalter kommt es aufgrund der steigenden Anforderungen häufig zu einer Überforderung. Im Unterricht bestehen zunächst vielfach Probleme mit der Aufmerksamkeit und dem Stillsitzen. Bei der Erledigung der Hausaufgaben zeigen sich Schwierigkeiten mit dem selbstkontrollierten Arbeiten. Oft entsteht ein Missverhältnis aus der Leistungserwartung in der Schule und dem Leistungsvermögen der Kinder, das im Verlauf die Inanspruchnahme professioneller Hilfe notwendig werden lässt [4]. Je nach individueller Vorgeschichte und Situation können zusätzliche Symptome und Problemkonstellationen hinzukommen, die das betroffene Kind erheblich belasten und in seiner Lebensqualität beeinträchtigen [5]. Bei einem Teil der Kinder liegen komplexe Lernschwierigkeiten vor, die weitere schulische Misserfolge bedingen. Vielfach zeigen die Kinder Stimmungsstörungen, provokantes Verhalten, mangelnde Regelakzeptanz und oppositionelles Trotzverhalten. Viele Schwierigkeiten zeigen sich außerhalb der Schule, also in der Familie und der Spielgruppe, was zur Folge hat, dass von ADHS betroffene Kinder nur schwer dauerhafte soziale Bindungen eingehen können. Damit verbunden ist häufig eine Entwicklung zum Außenseitertum und zu geringem

Selbstbewusstsein bzw. geringem Selbstwertgefühl. Die erlebte anhaltende Frustration durch Ausschluss und Zurückweisung äußert sich unter anderem in Form von häufigen Wutausbrüchen und aggressivem Verhalten.

4 *Wie stellt sich das klinische Bild der ADHS beim Übergang des Kindes- in das Jugend- und Erwachsenenalter dar?*

ADHS ist eine dimensionale Störung, bei der die Kernsymptome nicht gleichförmig über die Lebenszeit vorhanden sein müssen. Hyperaktivität, Impulsivität und Unaufmerksamkeit prägen das klinische Bild, können jedoch altersabhängig geformt sein. Insbesondere können sich die bei Kindern zunächst häufig sichtbaren Zeichen einer äußeren Unruhe bzw. von Hyperaktivität und Impulsivität während der Adoleszenz modifizieren. Diese Symptome werden dann von den Betroffenen vielfach als innere Unruhe erlebt [6]. Da erzwungene Inaktivität vielfach ein Gefühl von Dysphorie verursacht, werden Situationen mit potenzieller Symptomprovokation, wie beispielsweise Langeweile, nach Möglichkeit gemieden.

Die Symptome der Aufmerksamkeitsstörung weisen eine hohe Persistenz auf und sind auch im späten Jugend- und Erwachsenenalter meist nachweisbar. Betroffene berichten häufig, dass sie Schwierigkeiten haben, sich auf Details zu konzentrieren, sodass etwa Abschnitte in Büchern oder Zeitschriften mehrfach gelesen werden müssen, um die Inhalte zu erfassen. In Vorträgen, Konferenzen oder bei der Büroarbeit besteht vielfach die Schwierigkeit, die Konzentration aufrechtzuhalten. Gedankenflucht und Gedankenkreisen sind häufig vorhanden. Insgesamt ist das Arbeitsverhalten durch Langsamkeit, Ineffizienz, schlechtes Zeitmanagement und eine Desorganisation bei der Planung von Terminen und Aktivitäten gekennzeichnet, was häufig mit schlechteren Leistungen und Konflikten in der Schule oder im Beruf einhergeht. Auch die Impulsivität persistiert häufig, was den Patienten persönliche Beziehungen erschwert und zu Schwierigkeiten am Arbeitsplatz führt [7]. Es besteht allgemein eine Tendenz, vorschnell Entscheidungen zu treffen, was sich beispielsweise in einem überdurchschnittlich häufigen Wechsel des Partners, des Arbeitsplatzes oder des Wohnumfelds zeigt.

Die Symptome anderer (komorbider) Störungen, etwa von Verhaltens- und Angststörungen, nehmen mit dem Alter insgesamt zu [8]. Bei einem Teil der Patienten besteht neben der ADHS-Kernsymptomatik als weiteres Leitsymptom eine Affektlabilität mit Anteilen von Stressintoleranz und mangelhafter Temperamentskontrolle [9]. Die Betroffenen berichten von mehrmals täglichen Stimmungsschwankungen, die vielfach eine starke Situationsabhängigkeit zeigen. Auch eine Dysthymie oder Depressivität, in einigen Fällen mit ausgeprägter Tendenz zum sozialen Rückzug, wird beobachtet. Insgesamt ist eine ADHS zunehmend mit komorbiden Störungen und psychosozialen Schwierigkeiten verknüpft, sodass bei entsprechender Ausprägung der Blick auf eine ADHS-Symptomatik verstellt sein kann.

In der Adoleszenz zeigen von ADHS Betroffene häufig eine Neigung zu riskantem Verhalten („*Sensation-seeking*"), welches sich auf unterschiedlichen Ebenen ausprägen kann. Die Auswertung von insgesamt 22 000 Kindern im Alter zwischen 5 und 14 Jahren wies auf ein früh bestehendes Risiko für schwere Verletzungen hin, wobei eine signifikante Häufung von Polytraumen und Kopfverletzungen berichtet wurde sowie eine häufigere Notwendigkeit zur intensivmedizinischen Behandlung [10, 11]. Untersuchungen mit besonderer Berücksichtigung von Jugendlichen geben Hinweise auf vermehrte Krankenhausaufenthalte infolge einer Verletzung im Sport [12], andere weisen auf erhöhte Risiken im Straßenverkehr hin [13]. Zudem haben Studien gezeigt, dass Jugendliche mit ADHS zu riskanten Sexualpraktiken neigen und eine deutlich erhöhte Rate von Frühschwangerschaften verzeichnet wird. Mit Einsetzen der Adoleszenz besteht zudem ein erhöhtes Risiko für dissoziales und delinquentes Verhalten, welches bei einem Teil der Betroffenen mit einem Substanzmissbrauch einhergeht [14, 15].

5 Wie hoch ist der Anteil der ADHS-Patienten, bei denen im Erwachsenenalter anhand der Diagnosekriterien in DSM-IV eine ADHS-Symptomatik nachweisbar ist?

Durch Verlaufsstudien wurde gezeigt, dass ein hoher Anteil von 60–85 % der Kinder mit ADHS die Diagnosekriterien für eine ADHS auch im späten Jugendalter erfüllt [16]. Die Entwicklung von ADHS-Symptomen vom Jugend- in das frühe Erwachsenenalter wurde unter anderem in einer US-amerikanischen Verlaufsuntersuchung über 4 Jahre auf der Basis von DSM-III-Interviews untersucht [17]. Dabei wurde gezeigt, dass ein höheres Lebensalter der Studienteilnehmer signifikant mit einem Rückgang der Kernsymptome Hyperaktivität, Impulsivität und Unaufmerksamkeit assoziiert war, wobei eine Remission der Unaufmerksamkeit vergleichsweise seltener beobachtet wurde. Zudem wurde gezeigt, dass sich die Remissionsraten in Abhängigkeit von der jeweils verwendeten Definition für eine Remission deutlich unterschieden. In dieser Studie erfüllten 40 % der Studienteilnehmer im Alter von 20 Jahren noch die Kriterien für eine ADHS bei diagnostischem Vorgehen nach DSM-IV. Funktionelle Einschränkungen im Berufsleben und/oder in der Familie waren hier jedoch bei fast allen Patienten nachweisbar. Nach Ergebnissen einer Metaanalyse mehrerer Verlaufsbeobachtungen war eine ADHS im Alter von 25 Jahren noch in etwa 15 % der Fälle diagnostiziert worden, wenn die Diagnosekriterien nach DSM-IV zugrunde gelegt wurden. Knapp zwei Drittel der ausgewerteten ADHS-Patienten (65 %) zeigten im Erwachsenenalter eine teilweise Remission, wobei ausgeprägte klinische Beeinträchtigungen weiter bestanden haben konnten. Bei der Interpretation dieser Ergebnisse ist zu berücksichtigen, dass die im DSM-IV (bzw. ICD-10) enthaltenen Kriterien ursprünglich für Patienten im Alter von 6 (bzw. 7)–15 Jahren entwickelt wurden und primär nicht zur Anwendung bei erwachsenen Patienten gedacht waren. Symptome von ADHS, die in Diagnosesystemen für erwachsene Patienten enthalten sind, wie z. B. eine emotionale Dysfunktion in den Utah-Kriterien, werden im DSM-IV nicht berücksichtigt. Das Ausmaß der Persistenz von ADHS im Erwachsenenalter wird somit ganz entscheidend durch die Definition der Störung im Erwachsenenalter bestimmt [18]. Eine Anpassung der Diagnosekriterien mit stärkerer Berücksichtigung erwachsener Patienten ist im Rahmen der geplanten Neufassungen von DSM-V und ICD-11 geplant.

Die Risikofaktoren für eine Persistenz der ADHS sind bislang unklar. Als begünstigende Faktoren werden eine Familienanamnese von ADHS, Misserfolge in der Kindheit, eine im Verlauf zunehmende Symptomschwere und das Vorhandensein von Komorbiditäten diskutiert [19].

6 Was kann die Ausprägung einer ADHS für erwachsene Betroffene bedeuten – positiv wie negativ?

In der deutschen Leitlinie „ADHS im Erwachsenenalter" wird angeführt, dass die Störung zu einer krankheitswertigen psychischen und sozialen bis hin zu einer forensisch relevanten Beeinträchtigung der Betroffenen führen kann und dass sie insbesondere als Risikofaktor für komorbide andere psychische Störungen anzusehen ist, unter anderem für Sucht- und Persönlichkeitsstörungen [20]. Dieses ausgeprägt höhere Risiko für psychiatrische Komorbiditäten wurde bei erwachsenen Patienten in einer umfangreichen populationsbasierten Untersuchung bestätigt [21]. Dabei zeigte sich gegenüber den Kontrollen insbesondere ein erhöhtes Risiko für eine antisoziale Persönlichkeitsstörung (ca. 10-fach erhöht) und für einen Substanzmissbrauch (4–8-fach erhöht). Im Vergleich zu den Kontrollen war zudem ein höheres Risiko für affektive Störungen (2–6-fach erhöht), Angststörungen (2–4-fach erhöht) und Beziehungsstörungen (2-fach erhöht) nachweisbar.

Eine ADHS in Verbindung mit den dokumentierten Komorbiditäten hat vielfach Auswirkungen auf sämtliche Lebensbereiche. So werden im Vergleich zur Allgemeinbevölkerung im Mittel schlechtere akademische Abschlüsse erreicht, und es besteht für die Betroffenen eine geringere Wahrscheinlichkeit, eine Ausbildung erfolgreich abzuschließen [22]. Eine Verlaufsstudie aus den USA wies bei Erwachsenen mit ADHS im Vergleich zu gesunden Probanden zudem häufiger das Nichtbestehen eines Beschäftigungsverhältnisses nach [23]. Bei Vorliegen einer ADHS wurden gehäuft Partnerschaftskrisen, seelische Krisen und Suizidversuche berichtet, und es war eine Häufung von Suchterkrankungen und Krankenhausauf-

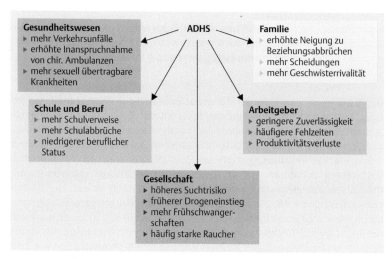

Abb. 1   Auswirkungen/Folgen von ADHS bei Erwachsenen (Quelle: Medice).

enthalten nachweisbar [24]. Für erwachsene ADHS-Patienten wurde ein bis zu 4-fach höheres Risiko ermittelt, einen Verkehrsunfall zu verursachen [25–27].

In Anbetracht dieser Befunde zu statistisch erhöhten Risiken kann sich leicht eine rein defizitorientierte Sicht auf das Störungsbild entwickeln, die in vielen Fällen nicht angemessen und auch nicht förderlich ist. Allgemein sowie insbesondere auch im Zusammenhang mit der Beratung von Patienten in Fragen zu Ausbildung und Beruf ist es wichtig, den hohen Stellenwert einer stärker ressourcenorientierten Sichtweise zu betonen und zu fördern. Wie die klinische Erfahrung zeigt, verfügen ADHS-Patienten oft unter anderem über die Fähigkeit, komplexe Inhalte rasch zu erfassen. Vielfach verfügen sie über ausgeprägte Kreativität, Flexibilität sowie hohes Einfühlungsvermögen und hohe soziale Kompetenz. Auffällig häufig sind sie beispielsweise in der Lage, bei anderen Personen ein gutes Coaching zu leisten. Ein Ziel sollte demnach sein, dass die Betroffenen diese und andere positive Eigenmerkmale erkennen bzw. entwickeln und beispielsweise ihre Berufswahl daran orientieren.

7 *Das Geschlechterverhältnis von ADHS bei Jungen und Mädchen beträgt im Kindesalter nach repräsentativen Populationsstichproben 3:1 [28]. Wie ist die Häufigkeitsverteilung im Verlauf bis zum Erwachsenenalter?*

Die ADHS wurde lange als eine Störung aufgefasst, die überwiegend Jungen betrifft. Tatsächlich weist eine Reihe epidemiologischer Studien darauf hin, dass geschlechtsspezifische Unterschiede in der Prävalenz auch im Erwachsenenalter bestehen, diese jedoch weniger ausgeprägt sind als im Kindesalter [29]. In einer repräsentativen Bevölkerungsstudie aus den USA wurde bei 18–44 Jahre alten Teilnehmern unter anderem auf Basis von diagnostischen Interviews nach DSM-IV eine Prävalenz von 5,4 vs. 3,2 % zugunsten der Männer und eine Häufigkeitsverteilung von 1,6:1 berichtet [30]. Insgesamt etwas geringere Prävalenzraten wurden in einer Stichprobe von 7075 Beschäftigten aus 10 Ländern anhand des World-Mental-Health-Interviews der WHO gefunden. Hier zeigte sich für die gesamte untersuchte Gruppe eine Prävalenz von 4,2 % bei Männern und von 2,5 % bei Frauen [31]. Die Ergebnisse aus Populationsstudien sind jedoch nicht einheitlich. So gab beispielsweise eine repräsentative Stichprobe aus Deutschland Hinweise darauf, dass im Alter zwischen 18 und 64 Jahren eine annähernd ausgeglichene Häufigkeitsverteilung besteht (Frauen: 4,8 %, Männer: 4,6 % [n = 1655]) [32].

Es wird diskutiert, dass die geschlechtsbezogenen Unterschiede bei den Prävalenzraten durch Unterschiede im klinischen Erscheinungsbild, den neurobiologischen Grundlagen und dem klinischen Verlauf der ADHS bedingt sein könnten [33]. So zeigen Metaanalysen klinischer Stichproben, dass Mädchen mit ADHS im Vergleich zu Jungen tendenziell stärker durch Symptome von Unaufmerksamkeit als durch Symptome von Hyperaktivität und Impulsivität beeinträchtigt sind (d = 0,25) [34,35]. In Feldstichproben waren dagegen Jungen durch eine vergleichsweise stärkere Beeinträchtigung durch Unaufmerksamkeit (d = 0,25), internalisierende Symptome (d = 0,14), Ablehnung durch Gleichaltrige (d = 0,56) und aggressives Verhalten gegenüber Gleichaltrigen (d = 1,2) gekennzeichnet.

Im erwachsenenpsychiatrischen Alltag werden diese Prävalenzraten durch zusätzliche Faktoren maskiert. Hier ist unter anderem zu berücksichtigen, dass das Inanspruchnahmeverhalten, unter anderem für psychiatrische Behandlungen, bei erwachsenen Frauen erfahrungsgemäß deutlich höher ist als das von Männern [36].

8 Welche Bedeutung hat das Vorhandensein einer komorbiden Störung des Sozialverhaltens im Kindes- und Jugendalter für den Verlauf einer ADHS?

Das gleichzeitige Auftreten einer ADHS mit einer Störung des Sozialverhaltens stellt eine relativ gut untersuchte komorbide Konstellation dar und kennzeichnet allgemein ein erhöhtes Risiko für einen schwereren Verlauf. So konnte in einer Längsschnittstudie mit 10 Jahren Beobachtungsdauer gezeigt werden, dass das Bestehen einer Sozialverhaltensstörung im mittleren Alter von 10,7 Jahren im 4- und 10-Jahres-Verlauf mit einem signifikant erhöhten Risiko für die Entwicklung einer antisozialen Persönlichkeitsstörung verbunden war. Eine Sozialverhaltensstörung ging zudem mit einem signifikant höheren Risiko für den Missbrauch psychoaktiver Substanzen und einen Nikotinkonsum sowie für die Entwicklung einer Bipolarstörung einher [37].

Kinder mit ADHS und einer komorbiden Störung des Sozialverhaltens haben ein erhöhtes Risiko für die Entwicklung einer antisozialen Persönlichkeitsstörung im Erwachsenenalter. Insbesondere dann, wenn bereits im frühen Kindesalter ausgeprägte Sozialverhaltensstörungen auftreten, muss mit einer ungünstigen Prognose hinsichtlich der Entwicklung einer antisozialen Persönlichkeitsstörung, zum Teil in Verbindung mit Delinquenz, gerechnet werden [38]. Tritt die Störung des Sozialverhaltens erst im Laufe der Adoleszenz auf, handelt es sich dagegen oft nur um eine passagere Erscheinung. Das Risiko für die Entwicklung einer antisozialen Persönlichkeitsstörung ist in dieser Gruppe geringer ausgeprägt. Die beschriebenen prinzipiellen Entwicklungswege werden durch weitere Faktoren zusätzlich moduliert. Zum Beispiel kann das Hinzutreten einer Suchtkrankheit auch bei primär fehlender Anlage das Risiko für eine Antisozialität mit späterer Delinquenz erhöhen.

Fazit für die Praxis

Kinder mit ADHS, die im Einschulungs- bzw. im Grundschulalter zu ausgeprägter Regelverletzung neigen, zeigen auch im weiteren Verlauf gehäuft Normverletzungen bis hin zur Delinquenz. Da die Problematik relativ früh erkennbar ist, bieten sich in der Praxis Ansatzpunkte zur intensiveren Intervention.

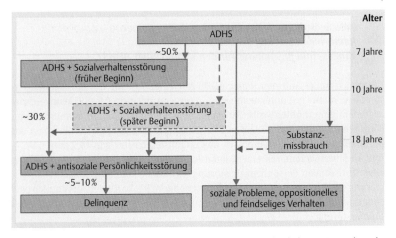

Abb. 2 Insbesondere bei früh ausgeprägter komorbider Sozialverhaltensstörung besteht ein erhöhtes Risiko für Antisozialität und Delinquenz (nach [38]).

Referenzen

1 Steinhausen HC, Sobanski E. In: Steinhausen HC, Rothenberger A, Döpfner M, Hrsg. Handbuch ADHS. 1. Aufl. Stuttgart: W. Kohlhammer; 2010: 152–153

2 Barkley RA et al. Young adult outcome of hyperactive children: adaptive functioning in major life activities. J Am Acad Child Adolesc Psychiatry 2006; 45(2): 192–202

3 Banaschewski T, Rohde L. In: Banaschewski T, Coghill D, Danckaerts M et al. ADHD and Hyperkinetic Disorder. Chapter: Phenomenology. Oxford: Oxford University Press; 2009

4 Steinhausen HC, Sobanski E. In: Steinhausen HC, Rothenberger A, Döpfner M, Hrsg. Handbuch ADHS. 1. Aufl. Stuttgart: W. Kohlhammer; 2010: 155

5 Hechtman L. Assessment and diagnosis of attention-deficit/hyperactivity disorder. Child Adolesc Psychiatry Clin N Am 2000; 9(3): 481–498

6 Steinhausen HC, Sobanski E. In: Steinhausen HC, Rothenberger A, Döpfner M, Hrsg. Handbuch ADHS. 1. Aufl. Stuttgart: W. Kohlhammer; 2010: 156

7 Krause J, Krause KH. ADHS im Erwachsenenalter. Die Aufmerksamkeitsdefizit-/Hyperaktivitätsstörung bei Erwachsenen. 3. Aufl. Stuttgart: Schattauer; 2009: 76

8 Faraone SV et al. The age-dependent decline of attention deficit hyperactivity disorder: a meta-analysis of follow-up studies. Psychol Med 2006; 36(2): 159–165

9 Wender PH. Attention-Deficit Hyperactivity Disorder in Adults. New York, Oxford: Oxford University Press; 1998

10 Rowe R et al. Childhood psychiatric disorder and unintentional injury: findings from a national cohort study. J Pediatr Psychol 2004; 29(2): 119–130

11 DiScala C et al. Injuries to children with attention deficit hyperactivity disorder. Pediatrics 1998; 102(6): 1415–1421

12 Brook U, Boaz M. Adolescents with attention deficit and hyperactivity disorder/learning disability and their proneness to accidents. Indian J Pediatr 2006; 73(4): 299–303

13 Ludolph AG et al. Attention Deficit Hyperactivity Disorder (ADHD) and road traffic – special considerations for the treatment of adolescents with ADHD. Z Kinder Jugendpsychiatr Psychother 2009; 37(5): 405–411

14 Mannuzza S, Klein RG. Long-term prognosis in attention-deficit/hyperactivity disorder. Child Adolesc Psychiatr Clin N Am 2000; 9(3): 711–726

15 Wilens TE. The nature of the relationship between attention-deficit/hyperactivity disorder and substance use. J Clin Psychiatry 2007; 68(Suppl 11): 4–8

16 Faraone SV et al. The age-dependent decline of attention deficit hyperactivity disorder: a meta-analysis of follow-up studies. Psychol Med 2006; 36(2): 159–165

17 Biederman J et al. Age-dependent decline of symptoms of attention deficit hyperactivity disorder: impact of remission definition and symptom type. Am J Psychiatry 2000; 157 (5): 816–818

18 Banaschewski T, Rohde L. In: Banaschewski T, Coghill D, Danckaerts M et al. ADHD and Hyperkinetic Disorder. Chapter: Phenomenology. Oxford: Oxford University Press; 2009

19 Banaschewski T, Rohde L. In: Banaschewski T, Coghill D, Danckaerts M et al. ADHD and Hyperkinetic Disorder. Chapter: Phenomenology. Oxford: Oxford University Press; 2009

20 Ebert D et al. ADHS im Erwachsenenalter – Leitlinien auf der Basis eines Expertenkonsensus mit Unterstützung der DGPPN. Der Nervenarzt 2003; 10: 939–946

21 Kessler RC et al. The prevalence and correlates of adult ADHD in the United States: results from the National Comorbidity Survey Replication. Am J Psychiatry 2006; 163(4): 716–723

22 Barkley RA et al. Young adult outcome of hyperactive children: adaptive functioning in major life activities. J Am Acad Child Adolesc Psychiatry 2006; 45(2): 192–202

23 Faraone SV, Biederman J. A controlled study of functional impairments in 500 ADHD adults. 157th Annual Meeting, American Psyciatric Association, New York 2004a

24 Barkley RA et al. Young adult follow-up of hyperactive children: antisocial activities and drug use. J Child Psychol Psychiatry 2004; 45(2): 195–211

25 Cox DJ et al. Effect of stimulant medication on driving performance of young adults with attention-deficit hyperactivity disorder: a preliminary double-blind placebo controlled trial. J Nerv Ment Dis 2000; 188(4): 230–234

26 Cox DJ, Humphrey JW, Merkel RL et al. Controlled-release methylphenidate improves attention during on-road driving by adolescents with attention-deficit/hyperactivity disorder. J Am Board Fam Pract 2004; 17: 235–239

27 Barkley RA et al. Motor vehicle driving competencies and risks in teens and young adults with attention deficit hyperactivity disorder. Pediatrics 1996; 98: 1089–1095

28 Barkley R. Attention-Deficit Hyperactivity Disorder. A Handbook for Diagnosis and Treatment. 3rd ed. New York: Guilford; 2006

29 Faraone SV, Biederman J, Spencer T, Wilens T, Seidman LJ, Mick E, Doyle AE. Attention-deficit/hyperactivity disorder in adults: an overview. Biol Psychiatry 2000; 48: 9–20

30 Kessler RC et al. The prevalence and correlates of adult ADHD in the United States: results from the National Comorbidity Survey Replication. Am J Psychiatry 2006; 163(4): 716–723

31 de Graaf R et al. The prevalence and effects of adult attention-deficit/hyperactivity disorder (ADHD) on the performance of workers: results from the WHO World Mental Health Survey Initiative. Occup Environ Med 2008; 65(12): 835–842

32 de Zwaan M et al. The estimated prevalence and correlates of adult ADHD in a German community sample. Eur Arch Psychiatry Clin Neurosci 2012; 262(1): 79–86

33 Nussbaum NL. ADHD and Female Specific Concerns: A Review of the Literature and Clinical Implications. Journal of Attention Disorders 2012; 16(2): 87–100

34 Gaub M, Carlson CL. Gender differences in ADHD: a meta-analysis and critical review. J Am Acad Child Adolesc Psychiatry 1997; 36(8): 1036–1045

35 Gershon J. A meta-analytic review of gender differences in ADHD. J Atten Disord 2002; 5 (3): 143–154

36 Retz W, Retz-Junginger F, Thome J, Rösler M. Pharmacological treatment of adult ADHS in Europe. World J Biol Psychiatry 2011; Suppl 1: 89–94

37 Biederman J et al. The long-term longitudinal course of oppositional defiant disorder and conduct disorder in ADHD boys: findings from a controlled 10-year prospective longitudinal follow-up study. Psychol Med 2008; 38(7): 1027–1036

38 Retz W, Rösler M. The relation of ADHD and violent aggression: What can we learn from epidemiological and genetic studies? Int J Law Psychiatry 2009; 32(4): 235–243

Diagnose von ADHS im Erwachsenenalter

9 *Wie wird die Diagnose einer ADHS gestellt? Welche Diagnosekriterien sind für Erwachsene mit Verdacht auf ADHS maßgeblich?*

Die Diagnose einer ADHS wird klinisch auf der Grundlage der diagnostischen Kriterien der DSM-IV [1] beziehungsweise ICD-10 [2] gestellt, die beide auf einem annähernd identischen Set von 18 Symptomen basieren. Der Untersucher muss daher über störungsspezifische und differenzialdiagnostische Kenntnisse verfügen. Die diagnostisch relevanten Informationen werden, anders als bei Kindern, zu einem größeren Anteil durch Exploration der Patienten selbst gewonnen. Die Verschlüsselung nach beiden Systemen wird von den Krankenkassen akzeptiert. Für die Diagnose wird allgemein gefordert, dass Symptome vor dem 6. (DSM-IV) bzw. 7. (ICD-10) Lebensjahr situationsübergreifend über mindestens 6 Monate aufgetreten sind und dass ihr Auftreten nicht durch andere Ursachen besser erklärt werden kann.

In der Praxis ist ein gängiges Vorgehen, die Diagnose nach DSM-IV-Kriterien zu stellen und die ermittelten Diagnoseziffern anschließend nach ICD-10 zu übertragen. Dazu müssen mindestens 6 der 9 Symptome aus dem Bereich Aufmerksamkeitsstörung oder jeweils 6 von 9 Symptomen aus den Bereichen Hyperaktivität und Impulsivität vorliegen. Auf dieser Basis kann entsprechend nach DSM-IV eine Einteilung nach 4 Subtypen vorgenommen werden (Abb. **3**). Der vorwiegend unaufmerksame Subtyp der ADHS ist bei Erwachsenen mit einem geschätzten Anteil von 70 % häufiger vertreten als der kombinierte Subtyp (ca. 25 %) oder der vorwiegend hyperaktiv-impulsive Subtyp (ca. 5 %) [3].

Bei Übertragung der Ziffern nach ICD-10 ist zu beachten, dass das Kriterium der Hyperaktivität als Bestandteil der Diagnosen F90.0 und F90.8 gefordert wird. Bei erwachsenen Patienten mit gering ausgeprägter oder fehlender Hyperaktivität kann die Ziffer F98.8 vergeben werden (Aufmerksamkeitsstörung ohne Hyperaktivität). Diese Verschlüsselung ist korrekt, wird jedoch derzeit als nicht optimal angesehen, da sie als unspezifische Sammelkategorie für Störungen ohne Hyperaktivität verwendet wird, wie etwa Daumenlutschen oder Nägelkauen. Die Diagnose „hyperkinetische Störung mit Störung des Sozialverhaltens" (F90.1) wird im Erwachsenenalter nicht vergeben, da es sich bei Störungen des Sozialverhaltens um eine diagnostische Kategorie handelt, die nur für Kinder und Jugendliche vorgesehen ist.

Für das Erwachsenenalter existieren weitere diagnostische Konzepte (z. B. die Utah-Kriterien) [4], die für die Beurteilung einer ADHS-Symptomatik hilfreich

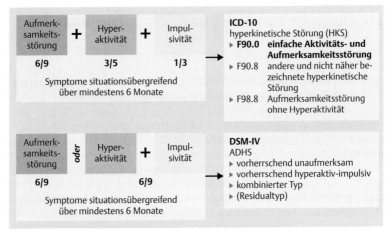

Abb. 3   Einteilungskriterien der 4 Subtypen (modifiziert nach [1, 2]).

sind, auf die jedoch die Diagnose der Störung nicht alleine gestützt werden darf. Verbindlich sind dafür die Kriterien nach ICD-10/DSM-IV.

10   *Bei Erwachsenen ist für den Nachweis einer ADHS das Vorhandensein der Störung in der Kindheit retrospektiv nachzuweisen. Wie ist das Vorgehen?*

Der retrospektive Nachweis einer ADHS kann unter Umständen schwierig sein, wenn keine ärztlichen Befunde vorliegen, die das Vorhandensein der Störung im Einschulungsalter dokumentieren. Der Hauptgrund dafür ist, dass ein Teil der Betroffenen keine zuverlässige eigene Erinnerung an ihr frühes Schulalter haben können, bzw. die schulbiografische Anamnese beispielsweise aufgrund von mangelnder Selbstreflexion nicht voll verwertbar ist. In dieser Situation ist eine Fremdanamnese durch Eltern oder andere Bezugspersonen häufig hilfreich. Ist diese nicht verfügbar, kann eventuell auf schriftliche Dokumente, wie beispielsweise Grundschulzeugnisse, zurückgegriffen werden. Allerdings kann eine frühere ADHS-Symptomatik bei einem Fehlen von dokumentierten Auffälligkeiten auch nicht ohne Weiteres ausgeschlossen werden, da eine Aufmerksamkeitsstörung in der Kindheit beispielsweise durch hohe Intelligenz und/oder hohe soziale Kompetenz maskiert worden sein kann.

Für die Diagnose einer ADHS im Erwachsenenalter wird gefordert, dass die Symptome der Störung über Jahre hinweg und situationsübergreifend aufgetreten sein müssen. In diesem Zusammenhang sollte daran gedacht werden, dass sekundäre Symptombildungen als Folge der ADHS eine zugrunde liegende ADHS-Symptomatik maskieren können. In der Praxis werden als häufige Symptome sekundäre Neurotisierungen beobachtet, die sich unter Umständen als soziale Phobie, Zwangsverhalten oder als pseudoautistische Züge manifestieren können. In ähnlicher Weise kann eine ADHS-Symptomatik durch komorbide Störungen überlagert sein. Hier ist unter anderem an depressive Störungen, Angststörungen und Störungen des Sozialverhaltens zu denken sowie an Teilleistungsstörungen, unterdurchschnittliche Intelligenz, Epilepsie, Tic- und Zwangsstörung.

11 Welche weiteren Instrumente können zur Erhärtung einer Verdachtsdiagnose unterstützend eingesetzt werden?

Für die ADHS-Diagnostik können unterschiedliche standardisierte und validierte Diagnoseinstrumente genutzt werden. Dies sind zur Beurteilung von Problemen in der Kindheit beispielsweise die Wender-Utah-Rating-Skala [5] und der Fragebogen zur Erfassung von ADHS im Erwachsenenalter (FEA-SFB) sowie zur Beurteilung der aktuellen Symptomatik die Selbstbeurteilungsskala zur Diagnostik der ADHS im Erwachsenenalter (ADHS-SB), die Conners-Skalen für Erwachsene [5] und die für Erwachsene modifizierte Diagnostische Checkliste zur ADHS (ADHS-DC) auf der Basis von DSM-IV [6]. Dabei ersetzten diese Instrumente nicht die klinische Diagnose, sondern unterstützen lediglich ein zielgerichtetes und genaues diagnostisches Vorgehen nach einheitlichen Maßstäben. Für die Praxis sind diagnostisch relevante psychometrische Instrumente z. B. in den Homburger ADHS-Skalen für Erwachsene (HASE) erhältlich [7]. Diese enthalten eine validierte Kurzform der Wender-Utah-Rating-Skala (WURS-k), die ADHS-Selbstbeurteilungsskala (ADHS-SB), die ADHS-Diagnostische Checkliste (ADHS-DC) und das Wender-Reimherr-Interview (WRI). Das WRI ist das einzige strukturierte Interview für diesen Altersbereich, das zusätzlich die spezifischen entwicklungsabhängigen Manifestationen der ADHS-Symptomatik im Erwachsenenalter berücksichtigt [8,9].

Ergänzend zu den HASE liegt seit Kurzem mit IDA (Integrierte Diagnose der ADHS im Erwachsenenalter) ein weiteres Instrument vor, welches die erforderlichen diagnostischen Schritte in einem Leitfaden kompakt zusammenfasst. Dabei handelt es sich nicht um ein vollständig neues diagnostisches Werkzeug. Vielmehr unterstützt hier die Verknüpfung bewährter Selbst- und Fremdbeurteilungsinstrumente ein zielgerichtetes und komplettes diagnostisches Vorgehen, das aber dennoch zeitökonomisch erfolgen kann. Bei einem Vorgehen nach IDA wird die

Diagnose mit validierten Instrumenten abgesichert und gleichzeitig dokumentiert. Dadurch besteht auch die Möglichkeit für eine spätere Verlaufskontrolle. In IDA enthalten sind der ADHS-Screener der WHO (ASRS-V1.1), eine validierte Kurzform der Wender-Utah-Rating-Skala (WURS-k) sowie ein diagnostisches Interview auf der Basis von DSM-IV. Es können auch psychopathologische Symptome im Sinne einer affektiven Dysregulation erfasst werden, die bei Erwachsenen oft zusätzlich zur ADHS-Kernsymptomatik vorhanden sein können.

12 Wie wird IDA angewendet, wie ist das praktische Vorgehen?

Das diagnostische Vorgehen bei IDA ist in 4 Schritte gegliedert (Abb. 4). Eine vertiefte Diagnose empfiehlt sich bei Patienten, die bei der Selbstbeurteilung ihrer aktuellen Symptomatik im validierten ADHS-Screener der WHO mindestens 4

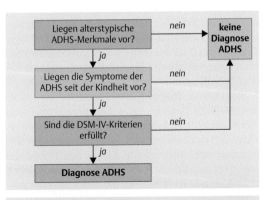

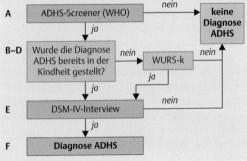

Abb. 4 Formaler Ablauf der Diagnostik bei ADHS im Erwachsenenalter und seine Umsetzung in IDA (nach Retz).

von 6 Punkten erreichen [10]. Da der Test neben einer hohen Spezifität von 99,5 % eine mäßige Sensitivität von 68,7 % aufweist, könnte in der Praxis bei alleiniger Berücksichtigung des Instruments ein Teil der Diagnosen übersehen werden. Bei negativem Testergebnis sollte daher nicht kategorisch von einer weiterführenden Diagnostik abgesehen werden. Hier wird im Folgenden anhand der wichtigsten Kriterien aus der WURS-k beurteilt, inwieweit eine ADHS-Symptomatik in der Kindheit vorhanden war. Es handelt sich dabei um 5 Items der WURS-k, die in Bezug auf das Vorhandensein einer ADHS die höchste Trennschärfe zu Personen ohne kindliche ADHS aufweisen. Der Informationsverlust im Vergleich zur Gesamtskala ist gering. Bei Erreichen des Cut-off-Werts von 6 Punkten kann mit hoher Wahrscheinlichkeit vom Vorliegen einer ADHS in der Kindheit ausgegangen werden. Die aktuelle ADHS-Symptomatik lässt sich anschließend in einem halbstandardisierten klinischen Interview entsprechend der DSM-IV-Kriterien ermitteln. Auch für diesen Teil von IDA wurden positive Validierungskennwerte ermittelt. Unter anderem wurde gezeigt, dass die diagnostische Übereinstimmung zwischen unterschiedlichen Untersuchern am gleichen Patienten ausgesprochen hoch ist [11].

Die für die Diagnose ADHS geforderte Beeinträchtigung von Alltagsfunktionen ist in der Praxis erfahrungsgemäß nicht immer einfach nachzuweisen. Je nach Intention und Darstellung des Patienten kann beispielsweise eine Abgrenzung vom Leidensdruck schwierig sein. Basierend auf IDA kann eine Beeinträchtigung der Alltagsfunktionen häufig an der Ausprägung der eigentlichen Symptomatik im Interviewteil festgestellt werden.

Fazit

Die Diagnose einer ADHS bei Erwachsenen basiert auf dem Nachweis der charakteristischen Symptome im Kindesalter und deren Persistenz. Es handelt sich, wie bei den meisten psychiatrischen Erkrankungen, um eine Diagnose, die sich an klinischen Symptomen und daraus resultierenden Alltagsbeeinträchtigungen orientiert. Eine valide Diagnose kann von jedem Facharzt für Psychiatrie gestellt werden, denn es stehen standardisierte Skalen zur Beurteilung der Symptomatik zur Verfügung, die den diagnostischen Prozess unterstützen und erleichtern [12].

13   *Was gehört bei der Abklärung einer Verdachtsdiagnose ADHS im Erwachsenenalter zur Basisdiagnostik?*

Die Diagnose einer ADHS erfordert eine gründliche Anamnese. Relevant sind die körperliche Entwicklungsanamnese (ggf. Probleme bei Schwangerschaft und Geburt sowie Entwicklungsverzögerungen) und die intellektuelle Entwicklungsanamnese (schulische Entwicklung, Bildungsabschlüsse, beruflicher Werdegang). Im Rahmen einer medizinischen Anamnese sind frühere und aktuelle organische Erkrankungen zu erfassen und als Ursache der Symptome auszuschließen. Die psychiatrische Anamnese umfasst die bisherige Behandlung und berücksichtigt das Auftreten insbesondere von Depressivität, Suizidalität und einem aktuellen oder früheren Substanzmissbrauch (Alkohol, Drogen). Testpsychologische Untersuchungen können die Diagnose der ADHS ggf. vervollständigen [13].

Im Rahmen der körperlichen Untersuchung und der somatischen Zusatzdiagnostik sind ein internistischer Befund mit Basislabor und ein neurologischer Befund zu erheben. Als zusätzliche Diagnostik wird eine Schilddrüsenuntersuchung empfohlen sowie die Durchführung eines Elektroenzephalogramms [14]. Die Indikation apparativer Zusatzuntersuchungen muss individuell geprüft werden.

Unter Umständen können unklare affektive Beschwerdebilder oder andere psychische Auffälligkeiten und Störungen auf das Vorliegen einer ADHS hinweisen. So können das nicht Aushalten bzw. Vermeiden von Phasen der Ruhe oder Untätigkeit, ein sehr häufiger Wechsel des Arbeitsplatzes, des Lebensumfelds und der Beziehungen/Partnerschaften ein Hinweis auf eine bestehende ADHS sein sowie Berichte über Störungen der Impulskontrolle, beispielsweise mit aggressiven Entgleisungen („Adrenalin-Junkies"). Auch bei Suchtmittelgebrauch und Persönlichkeitsstörungen ist an das Vorliegen einer ADHS zu denken.

14   *Welchen Stellenwert haben bei Erwachsenen zusätzliche Verfahren wie bildgebende Verfahren, IQ-Testung oder testpsychologische Untersuchungen?*

Es existiert kein apparatives oder laborchemisches Verfahren, das eine Diagnose der ADHS erlaubt. Insofern ist auch die Anwendung bildgebender Verfahren auf den Ausschluss organischer Erkrankungen begrenzt. Auch testpsychologische Untersuchungen erlauben im individuellen Fall keine Diagnosestellung aufgrund eines Testwerts [14]. Sie können jedoch gegebenenfalls zur Sicherung der Diagnose hinzugezogen werden sowie zur Planung und Verlaufsbeobachtung einer Therapie. Die deutsche Leitlinie „ADHS im Erwachsenenalter" [14] empfiehlt in diesem Zusammenhang die Anwendung einer IQ-Testung (z.B. mittels Wechsler-

Intelligenztest für Erwachsene, WIE) sowie neuropsychologische Tests, die Aussagen zu Aufmerksamkeit und Exekutivfunktionen erlauben. Hilfreich ist hier unter anderem die Testbatterie zur Aufmerksamkeitsprüfung (TAP). Tests auf Teilleistungsstörungen oder besondere Begabungen können im Einzelfall die Diagnostik vervollständigen.

15 Welche Bedeutung kann das Stellen der Diagnose ADHS bei erwachsenen Patienten haben?

Ein Teil der erwachsenen Patienten fühlt sich nach Stellung der Diagnose ADHS erfahrungsgemäß emotional deutlich entlastet. Ihnen verhilft das Wissen um das Vorhandensein der Störung nicht selten erstmals zu einem Erklärungsansatz für das eigene Verhalten und Erleben. Die Diagnose bedeutet hier, dass die durch die ADHS in typischer Weise gekennzeichneten Erlebens- und Verhaltensmuster im Rückblick erfasst werden können. Dadurch bietet sich Patienten, die beispielsweise aufgrund unbefriedigender Bildungsabschlüsse mit dem Gefühl leben, dass sie mehr hätten erreichen können, gewissermaßen die Möglichkeit zur einer Aussöhnung mit ihrer eigenen Biografie.

In anderen Fällen kann die erweiterte Sicht auf ein durch Brüche gekennzeichnetes Leben mit häufigen Partnerwechseln, Ehescheidungen oder missglückter beruflicher Karriere auch eine dysphorische (Trauer-)Reaktion auslösen. Diese muss in der Regel nicht medikamentös behandelt werden, sondern ist vielfach mit einer psychotherapeutischen Intervention gut zu bearbeiten.

16 Welches sind häufige Gründe für die Vorstellung von erwachsenen ADHS-Patienten in der Praxis bzw. Klinikambulanz?

Patienten mit bis dahin nicht diagnostizierter ADHS stellen sich beim Arzt häufig aufgrund einer affektiven Symptomatik oder aufgrund von Problemen mit der Emotionsregulation vor. Nicht selten wird von ausgeprägten Stimmungsschwankungen, wie Wutausbrüchen, berichtet, zum Teil in Verbindung mit Hyperreagibilität und Stressintoleranz bei Belastung. Typisch sind Schilderungen zu Problemen am Arbeitsplatz sowie in der Partnerschaft und/oder Familie. Erfahrungsgemäß können diese Konstellationen in Verbindung mit einer affektiven Symptomatik eine zugrunde liegende ADHS überlagern, sodass an die Störung primär nicht gedacht wird. Als Konsequenz wird in diesen Fällen vielfach die Affektstörung in den Mittelpunkt der therapeutischen Überlegungen gestellt. Dieses Vorgehen bleibt jedoch häufig ohne nachhaltigen Erfolg.

Auch eine Suchtproblematik ist als oft vorkommende komorbide Störung von ADHS ein häufiger Anlass für eine Vorstellung der Patienten. Dieser mögliche Zusammenhang sollte daher in der Praxis bei jedem Patienten mit einer bekannten Suchtproblematik überprüft werden. Anamnestische Hinweise auf das Vorliegen einer ADHS können Patientenberichte zu paradoxen Wirkungen von sonst euphorisierend wirkenden Drogen sein, wie beispielsweise Kokain. Von ADHS Betroffene erklären üblicherweise, dass sie nach dem Konsum solcher Substanzen eine sonst nicht gekannte innere Ruhe und Entspannung erleben.

Inzwischen besteht für Patienten mit bereits diagnostizierter ADHS in Ausbildung und Studium die Möglichkeit, bei Prüfungen einen Nachteilsausgleich zu beantragen. Dies wird an einigen Universitäten nach Vorlage eines ärztlichen Attests gewährt, beispielsweise durch einen Zeitbonus bei schriftlichen Prüfungen oder durch Zuweisung eines ablenkungsfreien Prüfungsraums. Für Jugendliche in Lehrberufen werden darüber hinaus von Berufsbildungswerken und IHK zum Teil Förderprogramme zur beruflichen Integration angeboten. Auch die Bundesagentur für Arbeit erkennt die Auswirkungen der Aufmerksamkeitsstörung als Beeinträchtigung bzw. als Nachteil für die Betroffenen an und stellt bei gegebenen Voraussetzungen nach SGB III § 242 Förderangebote zur Verfügung.

Weitere wichtige Fragen im Zusammenhang mit der Diagnosestellung betreffen die argumentative Entlastung von Betroffenen in Strafverfahren (Schuldfähigkeit) sowie eine gegebene Erschwernis des Berufszugangs im Fall einer Verbeamtung sowie bei Berufen, die das Tragen von Waffen erfordern.

17 Welches sind die wichtigsten Differenzialdiagnosen zu ADHS im Erwachsenenalter und nach welchen Kriterien kann die Differenzialdiagnose gestellt werden?

Symptome, die einer ADHS ähnlich sind, können im Erwachsenenalter durch neurologische und internistische Grunderkrankungen ausgelöst werden. Diese Störungen sind differenzialdiagnostisch auszuschließen [14]. Bei der Anamnese organischer Erkrankungen sind insbesondere Schilddrüsenerkrankungen, Anfallsleiden, ein Schädel-Hirn-Trauma sowie Schlaferkrankungen wie Narkolepsie, Schlafapnoe-Syndrom und Restless-Legs-Syndrom zu erfragen. Alle diese Erkrankungen sind sowohl differenzialdiagnostisch als auch als komorbide Störungen der ADHS zu berücksichtigen. Nach Empfehlungen der deutschen Leitlinie „ADHS im Erwachsenenalter" ist als mögliche Ursache außerdem der Gebrauch psychotroper Substanzen auszuschließen sowie im Rahmen einer medikamentösen Behandlung die Einnahme beispielsweise von Antihistaminika, Barbituraten, Steroiden, Sympathomimetika, Theophyllin sowie von Neuroleptika und anderen Psychopharmaka.

Borderline-Persönlichkeitsstörung	ADHS
▸ instabile persönliche Beziehungen	vorhanden
▸ Impulsivität	vorhanden
▸ Suizidalität + Selbstschädigungen	vorhanden (Suizidalität)
▸ affektive Instabilität (Stunden bis Tage)	vorhanden
▸ Probleme, Wut zu kontrollieren	vorhanden
▸ Identität und Selbstbild instabil	ähnliche Symptome
▸ dissoziative Symptome, paranoide Vorstellungen (bei Stress)	nicht typisch, aber Stressintoleranz
▸ Vermeidung des Verlassenwerdens	nicht typisch
▸ chronisches Gefühl der Leere	nicht typisch
	+
Ca. 50 % der Borderline-Patienten hatten kindliche ADHS-Symptome.	▸ Unaufmerksamkeit ▸ desorganisiert ▸ Hyperaktivität

Abb. **5**   Psychopathologische Merkmale der Borderline-Störung und Abgrenzung von ADHS (nach [16]).

Weiterhin sind als wichtige Differenzialdiagnosen zu ADHS im Erwachsenenalter affektive Störungen (Depression oder Erkrankungen aus dem bipolaren Spektrum) sowie Persönlichkeitsstörungen zu berücksichtigen (dissozial, emotional-instabil, ängstlich-selbstunsicher). In der Praxis sollte die differenzialdiagnostische Abgrenzung am individuell bestehenden psychopathologischen Muster orientiert werden. Problematisch kann hier beispielsweise der Ausschluss einer Borderline-Persönlichkeitsstörung sein, da hier einige zur ADHS überlappende Symptome, wie emotionale Dysregulation und Impulsivität, häufig auftreten. Studienergebnissen zufolge erfüllen womöglich bis zu 60 % der erwachsenen Patienten mit Borderline-Persönlichkeitsstörung die Kriterien für eine ADHS im Kindesalter [15]. Es ist jedoch Gegenstand der Diskussion, ob eine in der Kindheit bestehende ADHS bei einer Subgruppe der Betroffenen für das Auftreten einer Borderline-Persönlichkeitsstörung im Sinne einer späteren Komorbidität prädisponiert oder ob womöglich bei einem Teil der erwachsenen Borderline-Patienten die Diagnose ADHS zutreffender wäre. Eine Möglichkeit zur psychopathologischen Abgrenzung besteht beim Nachweis von Symptomen, die bei Borderline-Patienten typisch, bei ADHS jedoch untypisch sind, wie etwa einem chronischen Gefühl der Leere oder dem Vermeiden des Verlassenwerdens (Abb. **5**) [16].

Referenzen

1 American Psychiatric Association. Diagnostic and statistical manual of mental disorders: DSM-IV-TR. 4th ed., text revision. Washington D.C.: American Psychiatric Association; 2000

2 World Health Organisation. ICD-10: International Statistical Classification of Diseases and related Health Problems. 10th revision, 2nd ed. Geneva: World Health Organisation; 2004

3 Rösler M, Retz W. Diagnose, Differentialdiagnose und komorbide Leiden der Aufmerksamkeitsdefizit-/Hyperaktivitätsstörung (ADHS) im Erwachsenenalter. Psychotherapie 2008; 13(2): 175–183

4 Ebert D et al. ADHS im Erwachsenenalter – Leitlinien auf der Basis eines Expertenkonsensus mit Unterstützung der DGPPN. Der Nervenarzt 2003; 10: 939–946

5 Conners CK et al. Conners' Adult ADHD Rating Scales (CAARS). North Tonawanda, NY: Multi-Health Systems; 1999

6 Rösler M et al. Instrumente zur Diagnostik der Aufmerksamkeitsdefizit-/Hyperaktivitätsstörung (ADHS) im Erwachsenenalter: Selbstbeurteilungsskala (ADHS-SB) und Diagnosecheckliste (ADHS-DC). Der Nervenarzt 2004; 75(9): 888–895

7 Rösler M et al. HASE-Homburger ADHS-Skalen für Erwachsene. Göttingen: Hogrefe; 2008

8 Wender PH. Attention deficit hyperactivity disorder in adults. New York, Oxford: Oxford University Press; 1995

9 Stieglitz RD, Rösler M. Diagnostik der Aufmerksamkeitsdefizit-/Hyperaktivitätsstörung (ADHS) im Erwachsenenalter. Zeitschrift für Psychiatrie, Psychologie und Psychotherapie 2006; 54(2): 87–98

10 Kessler RC et al. Validity of the World Health Organization Adult ADHD Self-Report Scale (ASRS) Screener in a representative sample of health plan members. Int J Meth Psychiatr Res 2007; 16(2): 52–65

11 Retz W et al. Die Diagnose der ADHS im Erwachsenenalter in der allgemeinpsychiatrischen Praxis. Zeitschrift für Psychiatrie, Psychologie und Psychotherapie. 2012 zur Veröffentlichung eingereicht.

12 Rösler M et al. ADHS-Diagnose bei Erwachsenen: Nach DSM-IV, ICD-10 und den UTAH-Kriterien. Der Nervenarzt 2008; 79(3): 320–327

13 Stieglitz R, Hofecker Fallahpour M. ADHS bei Adoleszenten und Erwachsenen. Pädiatrie 2010; 2: 27–31

14 Ebert D et al. ADHS im Erwachsenenalter – Leitlinien auf der Basis eines Expertenkonsensus mit Unterstützung der DGPPN. Der Nervenarzt 2003; 10: 939–946

15 Fossati A et al. History of childhood attention deficit/hyperactivity disorder symptoms and borderline personality disorder: a controlled study. Compr Psychiatry 2002; 43(5): 369–377

16 Philipsen A et al. Attention-deficit hyperactivity disorder as a potentially aggravating factor in borderline personality disorder. Br J Psychiatry 2008; 192(2): 118–123

Komorbiditäten von ADHS

18 *Welche psychiatrischen Komorbiditäten sind bei erwachsenen Patienten mit ADHS zu berücksichtigen und in welcher Häufigkeit treten diese Störungen auf?*

Da viele psychiatrische Erkrankungen erst während der späten Adoleszenz oder im jungen Erwachsenenalter klinisch manifest werden, nimmt ihre Häufigkeit als Komorbidität von ADHS mit dem Verlauf der Störung insgesamt zu. Ein Teil der Störungen äußert sich wahrscheinlich sekundär als Folge der jahrelangen, durch ADHS bedingten Frustration und Erfahrungen von Unvermögen. Im Verlauf können diese sekundären Störungen jedoch eine eigene Dynamik entwickeln und das klinische Bild insgesamt dominieren [1].

Die Konstellation einer ADHS mit psychiatrischer Komorbidität ist in der Praxis erheblich häufiger vertreten als eine ADHS ohne Komorbidität. Schätzungen zufolge sind in klinischen Stichproben ca. 80 % der erwachsenen Patienten von mindestens einer weiteren psychiatrischen Störung betroffen [2]. In einer repräsentativen populationsbasierten Studie aus den USA waren Angststörungen mit einer Gesamtrate von 47,1 % besonders häufig, wobei die Prävalenzraten für soziale und spezifische Phobien noch deutlich höher lagen als beispielsweise für generalisierte Angststörungen, posttraumatische Belastungsstörungen und Panikstörungen (Tab. 1 a) [3]. Auch affektive Störungen prägten sich nach den Untersuchungsbefunden als häufige Komorbidität von ADHS aus: Bei ungefähr jedem 3. Patienten lag eine Major Depression oder eine Dysthymie vor und bei etwa jedem 5. ADHS-Patienten eine bipolare affektive Störung (Tab. 1 b). Das Risiko für das Auftreten einer substanzbezogenen Suchtstörung war in der Stichprobe der ADHS-Patienten gegenüber den nicht von ADHS betroffenen Kontrollen bei einer Prävalenz von 15,2 vs. 4,8 % etwa um den Faktor 3 erhöht. Eine Drogenabhängigkeit wurde mit einer Prävalenz von 4,4 vs. 0,6 % ca. 7-mal häufiger beobachtet. Umgekehrt war bei fast jedem 4. Drogenabhängigen eine ADHS nachweisbar oder es bestand ein Verdacht auf ADHS (Tab. 1 c). Als 4. häufige psychiatrische Komorbidität war eine erhöhte Prävalenz von Impulskontrollstörungen nachweisbar (19,6 vs. 6,1 %). Ein häufigeres Vorliegen von Persönlichkeitsstörungen (histrionisch, antisozial, passiv-aggressiv, Borderline) wird in einer Verlaufsstudie für junge Erwachsene mit Hyperaktivität berichtet [4], ist jedoch epidemiologisch nicht überprüft. Aus kleineren Stichproben liegen Anhaltspunkte vor, dass bei ADHS-Patienten möglicherweise selbstunsichere zwanghafte Persönlichkeitsstörungen (Cluster C) am häufigsten vorkommen [5].

Tabelle **1 a** **Angststörungen** (nach [3]).

N = 2045 NADHS = 154	Prävalenz bei ADHS	Prävalenz bei Nicht- vorliegen einer ADHS	ADHS-Prä- valenz bei Vorliegen der Störung	ADHS bei Nichtvor- liegen der Störung
generalisierte Angststörung	8,0 ± 2,5	2,6 ± 0,3	11,9 ± 3,9	4,0 ± 0,5
Panikstörung	8,9 ± 2,5	3,1 ± 0,3	11,1 ± 3,0	3,9 ± 0,5
Agoraphobie	4,0 ± 2,0	0,7 ± 0,1	19,1 ± 3,9	4,0 ± 0,5
spezifische Phobie	22,7 ± 4,2	9,5 ± 0,6	9,4 ± 1,9	3,6 ± 0,5
soziale Phobie	29,3 ± 4,3	7,8 ± 0,5	14,0 ± 2,5	3,2 ± 0,5
alle Angststörungen	47,1 ± 5,0	19,5 ± 0,7	9,5 ± 1,4	2,8 ± 0,5

Tabelle **1 b** **Affektive Störungen** (nach [3]).

N = 2045 NADHS = 154	Prävalenz bei ADHS	Prävalenz bei Nicht- vorliegen einer ADHS	ADHS-Prä- valenz bei Vorliegen der Störung	ADHS bei Nichtvor- liegen der Störung
Major Depression	18,4 ± 4,2	7,8 ± 0,4	9,4 ± 2,3	3,7 ± 0,5
Dysthymie	12,8 ± 3,4	1,9 ± 0,2	22,6 ± 5,8	3,7 ± 0,5
bipolare Störung	19,4 ± 3,8	3,1 ± 0,3	21,2 ± 3,9	3,5 ± 0,5
alle affektiven Störungen	38,3 ± 5,5	11,1 ± 0,6	21,2 ± 3,9	3,5 ± 0,5

In der Praxis ist zu berücksichtigen, dass bei Komorbidität zur ADHS eine ein-seitige oder wechselseitige Verstärkung der Symptome resultieren oder bei ausge-prägter Komorbidität der Blick auf eine ADHS-Symptomatik verstellt sein kann [6]. Zudem können Patienten in Abhängigkeit von der Art und Ausprägung der ADHS ein unterschiedliches Ansprechen auf eine medikamentöse ADHS-Behand-lung zeigen. So scheinen Kinder mit ADHS und gleichzeitiger Angststörung oder Depression weniger gut auf eine Behandlung mit Stimulanzien anzusprechen als

Tabelle **1c** **Substanzbezogene Störungen** (nach [3]).

N = 2045 NADHS = 154	Prävalenz bei ADHS	Prävalenz bei Nichtvorliegen einer ADHS	ADHS-Prävalenz bei Vorliegen der Störung	ADHS bei Nichtvorliegen der Störung
Alkoholmissbrauch	5,9 ± 2,5	2,4 ± 0,2	9,5 ± 4,2	4,0 ± 0,5
Alkoholabhängigkeit	5,8 ± 2,9	2,0 ± 0,2	11,1 ± 5,9	4,0 ± 0,5
Drogenmissbrauch	2,4 ± 2,3	1,4 ± 0,2	7,2 ± 6,6	4,1 ± 0,5
Drogenabhängigkeit	4,4 ± 2,3	0,6 ± 0,1	25,4 ± 11,7	4,0 ± 0,5
alle Formen	15,2 ± 4,8	5,6 ± 0,6	10,8 ± 3,6	3,2 ± 0,5

Kinder ohne diese Komorbiditäten [7–9]. Bei erwachsenen ADHS-Patienten ist dieser Aspekt nicht ausreichend untersucht.

19 *Welche weiteren Komorbiditäten zu ADHS sind über die Lebensspanne beschrieben?*

Bei den Komorbiditäten zu ADHS kann für eine Orientierung in der klinischen Praxis nach der Häufigkeit grob differenziert werden [10]. Im Kindesalter sehr häufig sind danach externalisierende Störungen, d.h. Störungen mit oppositionellem Trotzverhalten und Störungen des Sozialverhaltens. Häufig sind Angststörungen und spezifische Lernstörungen, wobei hier vor allem die Lese-Rechtschreib-Störung und seltener die Dyskalkulie als Komorbidität von ADHS als relevant eingestuft wird [11]. Auch entwicklungsbezogene motorische Koordinationsstörungen sind häufig, wie durch eine epidemiologische Studie aus Schweden gezeigt wurde [12]. Dagegen treten Depression und Tic-Störung seltener bzw. geistige Behinderung und Autismus in der klinischen Praxis selten auf.

Relativ wenig wird bislang beachtet, dass neben diesen Störungen verschiedene somatische Störungen als Komorbidität von ADHS bestehen können. Dies sind bei Kindern und Jugendlichen Erkrankungen der oberen Luftwege (40,1 vs. 33,4 %), Hautkrankheiten (32,4 vs. 25,5 %), Erkrankungen der Ohren (31,1 vs. 23,7 %) und Infektionskrankheiten (31,2 vs. 25,9 %) [13]. Hier wird jedoch in weiteren Analysen zu überprüfen sein, ob diese Befunde bestätigt werden können oder ob sie möglicherweise eher auf einen Detektionsbias zurückzuführen sind. Auch für erwachsene Patienten mit ADHS wurden bei einem kasuistischen Vergleich

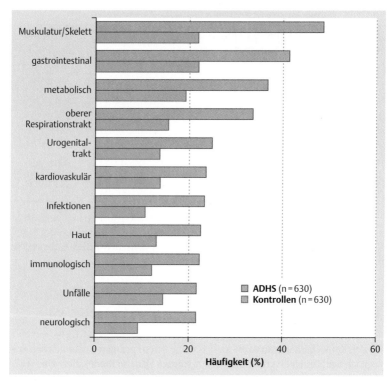

Abb. 6 Hinweise auf somatische Komorbiditäten von ADHS (nach [14]).

gehäuft somatische Komorbiditäten dokumentiert. Am häufigsten wurden Erkrankungen des Bewegungsapparats beschrieben (48,4 vs. 21,6%) sowie gastrointestinale Störungen (41,1 vs. 21,6%), Stoffwechselstörungen (36,5 vs. 19,0%) und Erkrankungen der oberen Luftwege (33,7 vs. 15,2%) [14] (Abb. 6).

20 *Ein Teil der ADHS-Patienten berichtet von Symptomen einer emotionalen Dysregulation: Welche Konsequenzen sind bei dieser Konstellation für den Verlauf der ADHS beschrieben?*

Die Konstellation einer ADHS mit zusätzlich bestehender emotionaler Labilität, Störungen der Temperamentskontrolle und Neigung zu emotionalen Überreaktionen, im Sinne einer emotionalen Regulationsstörung, wird in kinderpsychiatrischen Populationen bei 6–7 % der Kinder vermutet; bei Kindern und Jugendlichen mit ADHS (und bei Kindern von Müttern mit bipolarer Störung) reichen die Schätzungen zur Häufigkeit von 13–20 % [15, 16]. In klinischen Stichproben von 6- bis 18-jährigen Patienten mit ADHS vom kombinierten Typ war das Störungsbild bei gleichzeitigem Vorliegen einer emotionalen Dysfunktion durch einen höheren Schweregrad der Kernsymptome gekennzeichnet – insbesondere hinsichtlich der Hyperaktivität und Impulsivität – sowie durch eine ausgeprägte komorbide Psychopathologie mit häufiger oppositioneller Verhaltensstörung, affektiven Symptomen und Substanzmissbrauch [17]. Für die erwachsenenpsychiatrische Praxis ist die Symptomenkonstellation relevant, da eine zusätzlich zur ADHS bestehende emotionale Dysfunktion und Instabilität auch im jungen Erwachsenenalter häufig nachweisbar ist, wobei das Risiko für einen schweren Verlauf der Störung deutlich erhöht ist. In der Mannheimer Risikokinderstudie wurden 325 Kinder (174 Mädchen, 151 Jungen) mit emotionaler Dysfunktion bis in das Erwachsenenalter beobachtet [18]. Hier zeigte sich zu ungewöhnlich frühen Zeitpunkten insbesondere ein erhöhtes Risiko für Suizidgedanken und schwere Suizidversuche sowie eine deutlich erhöhte Rate für Substanzmissbrauch (u. a. Alkohol und Cannabis) (Abb. **7**). Ein Fazit dieser Studie war, dass das Symptomenmischbild aus depressiver Verstimmung, Aggressivität, Suizidalität und Substanzmissbrauch wegen der beobachteten spezifischen Risiken eine frühe intensivierte therapeutische Begleitung erfordert.

Die Behandlung dieser Symptomenkonstellation erfolgt bei erwachsenen Patienten derzeit aus einer klinischen Notwendigkeit heraus, ohne dass derzeit auf ausreichend evidenzbasiertes Wissen zurückgegriffen werden kann. Im Rahmen einer Psychotherapie werden Elemente aus der dialektisch-behavioralen Therapie (DBT) mit teilweisem Erfolg eingesetzt [19]. Um weitere effektive Behandlungsansätze zu etablieren, ist ein besseres Verständnis für die Ätiologie dieses Störungsbilds erforderlich. Dabei ist unter anderem noch zu klären, ob es sich hier um einen intrinsischen Bestandteil von ADHS oder eine eigene (komorbide) Störung handelt. Mit der geplanten Einführung eines eigenen Diagnoseschlüssels im DSM-V als „Disruptive Mood Dysregulation Disorder" (DMDD) soll diese klinisch hoch relevante Konstellation mehr Aufmerksamkeit erhalten und einer intensiveren Erforschung zugänglich gemacht werden [20].

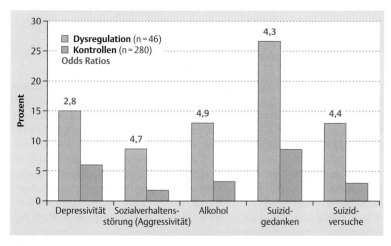

Abb. **7** Verlauf bei Kindern mit ADHS und affektiver Dysregulation (nach [18]).

21 *In der US-amerikanischen Literatur werden bipolare Erkrankungen als häufige Komorbidität zu ADHS genannt. Wie schätzen dies Mediziner in Mitteleuropa ein?*

Die Frage, ob eine Komorbidität von ADHS und bipolaren Störungen zu finden ist, hängt davon ab, welcher Phänotyp untersucht wird, bzw. wie die bipolare Störung konzeptualisiert wird. In einigen populationsbasierten Stichproben findet sich eine Komorbidität von ADHS mit dem klassischen, eng definierten Phänotyp (DSM-V: bipolar I) [21–23]. Andere epidemiologische Untersuchungen konnten dies nicht bestätigen [24,25]. Bei komorbider ADHS liegt der Beginn der bipolaren Störung früher und die Symptomatik ist schwerer. Auch zeigen einige Untersuchungen für Patienten mit ADHS ein um 30% erhöhtes Risiko, im weiteren Verlauf bipolare Störungen zu entwickeln [26]. Signifikante Prädiktoren in dieser Untersuchung waren ein niedrigerer Ausgangswert auf der Children's Global Assessment Scale (CGAS), rezidivierende depressive Störungen der Eltern und ein *geringer* Stimulanziengebrauch. Allerdings sind auch diese Untersuchungen uneinheitlich.

Persistierende schwere, nicht episodische Reizbarkeit, eine Symptomatik, die von diesen Autoren als bipolare Störung (BD-NOS) klassifiziert wird, aber besser, wie von DSM-V vorgeschlagen, als separate Störung gefasst werden sollte, ist oft assoziiert mit ADHS und ebenso beeinträchtigend wie eine klassische bipolare Störung. Etwa 85% der Kinder mit dieser Symptomatik erfüllen die Kriterien für eine ADHS und für oppositionelles Trotzverhalten. Umgekehrt weist allerdings nur eine Minderheit der Kinder mit ADHS eine ausgeprägte schwere Beeinträchtigung der Stimmungsregulation auf. Längsschnittstudien legen nahe, dass Jugendliche mit schwerer Beeinträchtigung der Stimmungsregulation und nicht episodischer Reizbarkeit ein erhöhtes Risiko haben, als Erwachsene an unipolaren depressiven Störungen oder Angststörungen zu erkranken, aber kein erhöhtes Risiko für eine Bipolarstörung aufweisen [27, 28].

Dies gilt auch für Patienten, bei denen im Rahmen einer ADHS eine emotionale Dysfunktion bzw. gestörte Affektregulation beschrieben ist. Auch diese Konstellation stellt offenbar keine Vorläufersymptomatik für das Auftreten einer bipolaren Störung dar, wie im Rahmen der Mannheimer Risikokinderstudie (MARS) festgestellt wurde. Hier hatte sich bei Nachbeobachtungen von 325 Patienten im Alter von 19 Jahren, bei denen im Alter von 8–11 Jahren eine affektive Dysregulation diagnostiziert worden war, kein Fall einer Bipolarstörung gezeigt [29]. Vor diesem Hintergrund wird die Komorbidität einer ADHS und einer bipolaren Störung heute als klinisch seltenes Ereignis eingestuft [30].

22 *Was bedeutet das Bestehen einer ADHS für die Entwicklung einer Suchterkrankung im Erwachsenenalter?*

Für ADHS und das Auftreten einer Suchterkrankung wurde statistisch eine hohe Koinzidenz beider Störungen gezeigt: Es liegen Studien vor, nach denen bei erwachsenen Alkoholabhängigen in 35–71 % der Fälle seit der Kindheit eine ADHS bestanden hatte, die im Verlauf persistent war [31]. Andere Studien beschreiben bei 15–25 % der untersuchten erwachsenen Suchtkranken und alkoholabhängigen Patienten eine aktuell bestehende ADHS [32]. Für Patienten einer auf Substanzmissbrauch spezialisierten Einrichtung lag die Rate für eine ADHS bei 24 %, wobei zwei Drittel dieser Fälle als Komorbidität eine Störung des Sozialverhaltens aufwiesen [33]. Umgekehrt wurde in Stichproben erwachsener ADHS-Patienten gezeigt, dass in 17–45 % der Fälle ein Alkoholmissbrauch oder eine Alkoholabhängigkeit und in 9–30 % ein Drogenmissbrauch oder eine Drogenabhängigkeit bestand [34]. Eine Studie mit zuvor nicht behandelten Erwachsenen mit ADHS fand in deren Lebenslauf eine Verdoppelung des Risikos für die Entwicklung einer Suchterkrankung von 27 auf 52 % [35].

Zusammenfassend wird eine ADHS heute als Risikofaktor für früh einsetzendes Zigarettenrauchen und das Auftreten einer Suchterkrankung eingestuft. Bei erwachsenen Kokainabhängigen mit ADHS wurden im Vergleich zu Kokainabhängigen ohne ADHS ein früherer Beginn für einen Substanzmissbrauch [37] und ein schwerer Verlauf der Suchterkrankung berichtet [38]. Ein im Verlauf der ADHS deutlich erhöhtes Risiko für einen Substanzmissbrauch wurde auch durch Längsschnittstudien mit zum Teil 10 Jahren Beobachtungsdauer gezeigt [39–42]. Darin fanden sich ebenfalls Anhaltspunkte, dass sich das Risiko für eine sehr früh beginnende Suchterkrankung bei komorbider Störung des Sozialverhaltens oder komorbider bipolarer Störung (sowie als unabhängige Faktoren) zusätzlich deutlich erhöht.

Der Zusammenhang zwischen ADHS und Sucht ist in der Literatur demnach gut dokumentiert. Die Ursachen hierfür sind jedoch noch nicht ausreichend erforscht. Durch welche Mechanismen eine unbehandelte ADHS das Risiko für einen späteren Substanzmissbrauch vermittelt, ist nicht bekannt. Nach aktuellen Hypothesen könnte eine ADHS bei Jugendlichen einen Vulnerabilitätsfaktor darstellen, der unter bestimmten Umgebungsbedingungen (etwa bei elterlicher Suchterkrankung) das Auftreten einer Suchterkrankung begünstigt. Eine andere Hypothese besagt, dass ADHS-Patienten die Substanz zur Selbstmedikation von Symptomen z. B. einer Angststörung, Depression oder Aggressivität konsumieren. Ein solcher Zusammenhang wird bei drogen- und alkoholabhängigen Patienten diskutiert [43]; für ADHS-Patienten gibt es dazu jedoch nur wenige Daten. Unklar ist bislang auch, wie die in Studien zum Teil dokumentierten protektiven Effekte einer Stimulanzienbehandlung auf die Entwicklung einer Suchterkrankung zustande kommen [44,45]. Weitere Studien sind hierzu erforderlich.

23 Welche Substanzen werden bei Erwachsenen mit ADHS am häufigsten missbräuchlich eingenommen?

Die Lebenszeitprävalenz für einen Substanzmissbrauch liegt bei Erwachsenen mit ADHS insgesamt etwa doppelt so hoch wie in der Allgemeinbevölkerung [46,47]. Dabei weisen Beobachtungsstudien aus den USA insbesondere einen erhöhten Konsum von Nikotin und Alkohol nach [48]. Für Zigarettenrauchen wurde in einer Schweizer Untersuchung eine im Vergleich höhere Prävalenz bei ADHS-Patienten bestätigt. Sie ergab für ADHS-Patienten einen Raucheranteil, der mit 55 % signifikant über dem Anteil in der Schweizer Allgemeinbevölkerung von 31 % lag. Für täglich rauchende ADHS-Patienten war zudem ein höherer Zigarettenkonsum und eine stärkere Nikotinabhängigkeit nachweisbar sowie ein früherer regelmäßiger Beginn von Zigarettenrauchen [49]. Ähnliche Befunde ergab eine kleinere Stichprobe aus Deutschland, wobei hier außerdem für die ADHS-Patienten ein geschlechtsspezifischer Unterschied bei der Raucherquote nachweisbar war: Weibliche ADHS-Patienten rauchten häufiger als Männer und zeigten einen Trend zu früherem regelmäßigem Nikotinkonsum [50].

Der Nikotinmissbrauch wird bei Jugendlichen und Erwachsenen mit ADHS vor dem Hintergrund verbesserter Aufmerksamkeitsfunktionen diskutiert. So gibt es Anhaltspunkte für einen Zusammenhang zwischen der Häufigkeit eines Nikotinabusus und den (niedrigen) Werten für die in neuropsychologischen Tests gemessene Konzentrationsfähigkeit [51]. Allerdings wird vermutet, dass ADHS-Patienten beim Missbrauch von Substanzen wesentlich stärker eine beruhigende als eine konzentrationsfördernde Wirkung suchen [52]. Da Anhaltspunkte für eine vergleichbar hohe Motivation zum Rauchstopp vorliegen wie in der Allgemeinbevölkerung, sollten ADHS-Patienten in der Praxis diesbezüglich Angebote erhalten bzw. unterstützt werden [53].

Die Zusammenhänge zwischen ADHS und der Entwicklung von Alkoholmissbrauch und Alkoholabhängigkeit sind weniger eindeutig. Zum Teil wurde in Nachbeobachtungen von Kindern und Jugendlichen mit Hyperaktivität im Vergleich zu Alterskontrollen ohne Hyperaktivität keine signifikant höhere Prävalenz für eine Alkoholabhängigkeit gefunden [54, 55]. Im Rahmen der Pittsburgh-Längsschnittstudie zur ADHS wurde jedoch gezeigt, dass das Risiko für schweres Trinken und Alkoholkonsum bei Jugendlichen mit ADHS altersspezifisch auftritt [56]. Eine seit Kindheit bestehende ADHS war hier bei 15- bis 17-Jährigen prädiktiv für schweres Trinken (Binge Drinking, definiert als Konsum von mindestens 5 alkoholischen Getränken pro Anlass), Trunkenheit, Symptome von Alkoholkrankheit und Alkoholkrankheit. Ein Binge Drinking wurde in dieser Gruppe während des vorangegangenen Jahres 17-mal praktiziert im Vergleich zu 2-mal in einer Kontrollgruppe ohne ADHS [56]. Ein solcher exzessiver Alkoholkonsum wird insbesondere im jüngeren Adoleszenzalter als kritisch eingestuft, da er unter anderem als prädiktiv für eine Alkoholsucht im Erwachsenenalter identifiziert wurde sowie für einen späteren Alkohol- und Drogenmissbrauch, Symptome einer antisozialen Persönlichkeitsstörung und eine kürzere Dauer der akademischen Laufbahn [57].

Mit Blick auf eine Suchtentwicklung ist im Zusammenhang mit einer ADHS auch an einen Konsum von insbesondere Cannabis und weniger ausgeprägt von Amphetaminen zu denken. So berichten in der Praxis immer wieder Patienten, dass sie Cannabis konsumieren, weil es ihnen zu einer inneren Ruhe verhilft, die sie zuvor noch nicht erlebt haben. Die genauen Zahlen für die Häufigkeit eines Missbrauchs sind für ADHS-Patienten nicht bekannt. Aus Repräsentativumfragen zur Lebenszeitprävalenz bei jungen (18- bis 25-Jährigen) Erwachsenen liegen lediglich Hinweise vor, dass die Lebenszeitprävalenz für den Konsum von Cannabis bei 18- bis 25-jährigen Bundesbürgern insgesamt sehr hoch ist. Im Jahr 2010 lag sie in dieser Altersgruppe bei 39,2 % [58]. Erfahrungen mit Amphetaminen sind bei erwachsenen Bundesbürgern deutlich seltener. Nach einer Erhebung der Europäischen Beobachtungsstelle für Drogen und Drogensucht im Jahr 2009 haben 3,7 % der Deutschen im Alter bis 64 Jahre zu irgendeinem Zeitpunkt ihres Lebens Amphetamine eingenommen [59]. In der Altersgruppe der 18- bis 24-Jährigen lag die Lebenszeitprävalenz für einen Amphetaminmissbrauch, ermittelt im Jahr 2006, bei 5,1 %. Einen Kontakt mit Ecstasy hatten in dieser Altersgruppe 5,3 % angegeben [60].

Referenzen

1 Barkley RA. Attention-Deficit Hyperactivity Disorder. A Handbook for Diagnosis and Treatment. 3rd ed. New York: Guilford; 2006

2 Biederman J, Faraone SV. Attention-deficit hyperactivity disorder. Lancet 2005; 366 (9481): 237–248

3 Kessler RC et al. The prevalence and correlates of adult ADHD in the United States: results from the National Comorbidity Survey Replication. Am J Psychiatry 2006; 163(4): 716–723

4 Fischer M et al. Young adult follow-up of hyperactive children: self-reported psychiatric disorders, comorbidity, and the role of childhood conduct problems and teen CD. J Abnorm Child Psychol 2002; 30(5): 463–475

5 Williams ED et al. Personality disorder in ADHD Part 1: Assessment of personality disorder in adult ADHD using data from a clinical trial of OROS methylphenidate. Ann Clin Psychiatry 2010; 22(2): 84–93

6 Marks DJ et al. Comorbidity in adults with attention-deficit/hyperactivity disorder. Ann N Y Acad Sci 2001; 931: 216–238

7 Taylor E et al. Which boys respond to stimulant medication? A controlled trial of methylphenidate in boys with disruptive behaviour. Psychol Med 1987; 17(1): 121–143

8 Pliszka SR. Effect of anxiety on cognition behavior and stimulant response in ADHD. J Am Acad Child Adolesc Psychiatry 1989; 28(6): 882–887

9 Diamond I et al. Response to methylphenidate in children with ADHD and co-morbid anxiety. J Am Acad Child Adolesc Psychiatry 1999; 38(4): 402–409

10 Steinhausen HC. In: Steinhausen HC, Rothenberger A, Döpfner M. Handbuch ADHS. 1. Aufl. Stuttgart: W. Kohlhammer; 2010: 174

11 Steinhausen HC. In: Steinhausen HC, Rothenberger A, Döpfner M. Handbuch ADHS. 1. Aufl. Stuttgart: W. Kohlhammer; 2010: 178

12 Kadesjo B, Gillberg C. The comorbidity of ADHD in the general population of Swedish school-age children. J Child Psychol Psychiatry 2001; 42(4): 487–492

13 Schlander M et al. Comorbidity Profiles of Children and Adolescents with ADHD – An Analysis Based on Administrative Data from Nordbaden, Germany. J Ment Health Policy Econ 2007; 10: 39–40

14 Schlander M et al. Comorbidity Profiles of Children and Adolescents with ADHD – An Analysis Based on Administrative Data from Nordbaden, Germany. J Ment Health Policy Econ 2007; 10: 39–40

15 Holtmann M et al. Prevalence of the Child Behaviour Checklist – pediatric bipolar disorder phenotype in a German general population sample. Bipolar Disord 2007; 9(8): 895–900

16 Holtmann M et al. CBCL-pediatric bipolar disorder phenotype: severe ADHD or bipolar disorder? J Neural Transm 2008; 115(2): 155–161

17 Sobanski E et al. Emotional lability in children and adolescents with attention deficit/hyperactivity disorder (ADHD): clinical correlates and familial prevalence. J Child Psychol Psychiatry 2010; 51(8): 915–923

18 Holtmann M et al. The Child Behavior Checklist-Dysregulation Profile predicts substance use, suicidality, and functional impairment: a longitudinal analysis. J Child Psychol Psychiatry 2011; 52(2): 139–147

19 Hesslinger B, Philipsen A, Richter H. Psychotherapie der ADHS im Erwachsenenalter: Ein Arbeitsbuch. Göttingen: Hogrefe; 2004

20 Retz W et al. Emotional dysregulation in adult ADHD: what is the empirial evidence? Expert Rev Neurother 2012; 12 (10): 1241–1251

21 Lewinsohn PM, Klein DN et al. Bipolar disorders in a community sample of older adolescents: prevalence, phenomenology, comorbidity, and course. J Am Acad Child Adolesc Psychiatry 1995; 34(4): 454–463

22 Kessler RC, Adler L, Barkley R, et al. The prevalence and correlates of adult ADHD in the United States: results from the National Comorbidity Survey Replication. Am J Psychiatry 2006; 163(4): 716–723

23 Galanter CG, Cohen P, Jensen PS, et al. ADHD does not predict adult bipolar disorder using longitudinal epidemiological data. Presented at the Annual Meeting of the American Academy of Child and Adolescent Psychiatry. New York, October, 2003

24 Costello EJ, Angold A, Burns BJ, et al. The Great Smoky Mountains Study of Youth: goals, design, methods, and the prevalence of DSM-III-R disorders. Arch Gen Psychiatry 1996; 53(12): 1129–1136

25 Reich W, Neuman RJ, Volk HE et al. Comorbidity between ADHD and symptoms of bipolar disorder in a community sample of children and adolescents. Twin Res Hum Genet 2005; 8(5): 459–466

26 Tillman R, Geller B. Controlled study of switching from attention-deficit/hyperactivity disorder to a prepubertal and early adolescent bipolar I disorder phenotype during 6-year prospective follow-up: rate, risk, and predictors. Dev Psychopathol 2006; 18(4): 1037–1053

27 Brotman, M, Schmajuk AM et al. Prevalence, clinical correlates, and longitudinal course of severe mood dysregulation in children. Biol Psychiatry 2006; 60(9): 991–997

28 Stringaris, A, Cohen P et al. Adult outcomes of youth irritability: a 20-year prospective community-based study. Am J Psychiatry 2009; 166(9): 1048–1054

29 Holtmann M et al. The Child Behavior Checklist-Dysregulation Profile predicts substance use, suicidality, and functional impairment: a longitudinal analysis. J Child Psychol Psychiatry 2011; 52(2): 139–147

30 Steinhausen HC. In: Steinhausen HC, Rothenberger A, Döpfner M. Handbuch ADHS. 1. Aufl. Stuttgart: W. Kohlhammer; 2010: 178

31 Wilens T. Attention-deficit/hyperactivity disorder and the substance use disorders: the nature of the relationship, subtypes at risk, and treatment issues. Psychiatr Clin North Am 2004; 27(2): 283–301

32 Wilens T. AOD use and attention deficit/hyperactivity disorder. Alcohol Health Res World 1998; 22(2): 127–130

33 Schubiner H, Tzelepis A, Milberger S et al. Prevalence of attention deficit/hyperactivity disorder and conduct disorder among substance abusers. J Clin Psychiatry 2000; 61: 244–251

34 Wilens TE et al. Are attention-deficit hyperactivity disorder and the psychoactive substance use disorders really related? Harv Rev Psychiatry 1995; 3(3): 160–162

35 Biederman J et al. Psychoactive substance use disorders in adults with attention deficit hyperactivity disorder (ADHD): effects of ADHD and psychiatric comorbidity. Am J Psychiatry 1995; 152(11): 1652–1658

36 Wilens TE. The nature of the relationship between attention-deficit/hyperactivity disorder and substance use. J Clin Psychiatry 2007; 68(11): 4–8

37 Wilens TE et al. Attention deficit hyperactivity disorder (ADHD) is associated with early onset substance use disorders. J Nerv Ment Dis 1997; 185(8): 475–482

38 Carroll KM, Rounsaville BJ. History and significance of childhood attention deficit disorder in treatment-seeking cocaine abusers. Compr Psychiatry 1993; 34: 75–82

39 Biederman J et al. Is cigarette smoking a gateway to alcohol and illicit drug use disorders? A study of youths with and without attention deficit hyperactivity disorder. Biol Psychiatry 2006; 59(3): 258–264

40 King S et al. Childhood externalizing and internalizing psychopathology in the prediction of early substance use. Addiction 2004; 99(12): 1548–1559

41 Molina BSG, Pelham WE. Childhood predictors of adolescent substance use in a longitudinal study of children with ADHD. J Abnorm Psychol 2003; 112(3): 497–507

42 Wilens TE et al. Does ADHD predict substance-use disorders? A 10-year follow-up study of young adults with ADHD. J Am Acad Child Adolesc Psychiatry 2011; 50(6): 543–553

43 Khantzian EJ. The self-medication hypothesis of substance use disorders: a reconsideration and recent applications. Harv Rev Psychiatry 1997; 4(5): 231–244

44 Wilens TE et al. Does stimulant therapy of attention-deficit/hyperactivity disorder beget later substance abuse? A meta-analytic review of the literature. Pediatrics 2003; 111(1): 179–185

45 Monuteaux MC et al. A randomized, double-blind, placebo-controlled clinical trial of bupropion for the prevention of smoking in youth with attention deficit hyperactivity disorder. J Clin Psychiatry 2007; 68(7): 1094–1101

46 Biederman J et al. Psychoactive substance use disorders in adults with attention deficit hyperactivity disorder (ADHD): effects of ADHD and psychiatric comorbidity. Am J Psychiatry 1995; 152: 1652–1658

47 Biederman J et al. Patterns of psychiatric comorbidity, cognition and psychosocial functioning in adults with attention-deficit/hyperactivity disorder. Am J Psychiatry 1993; 150(12): 1792–1798

48 Gillberg C et al. Co-existing disorders in ADHD – implications for diagnosis and intervention. European Child Adolesc Psychiatry 2004; 13(Suppl 1): 180–192

49 Frei A et al. Tabakkonsum bei Erwachsenen mit ADHS. Nervenarzt 2010; 81(7): 860–866

50 Holzner SJ. ADHS im Erwachsenenalter und Nikotinabhängigkeit. Inaugural-Dissertation zur Erlangung des Medizinischen Doktorgrades der Medizinischen Fakultät der Albert-Ludwigs-Universität Freiburg im Breisgau. 2010. S. 58

51 Tapert SF et al. Attention dysfunction predicts substance involvement in community youths. J Am Acad Child Adolesc Psychiatry 2002; 41(6): 680–686

52 Frölich J, Lehmkuhl G. Epidemiologische und pathogenetische Aspekte von Substanzmissbrauch und -abhängigkeit bei ADHS. Sucht 2006; 52(6): 367–375

53 Frei A et al. Tabakkonsum bei Erwachsenen mit ADHS. Nervenarzt 2010; 81(7): 860–866

54 Biederman J et al. Is ADHD a risk factor for psychoactive substance use disorders? Findings from a prospective follow-up study. J Am Acad Child Adolesc Psychiatry 1997; 36: 21–29

55 Molina BSG, Pelham WE. Childhood predictors of adolescent substance use in a longitudinal study of children with ADHD. J Abnormal Psychol 2003; 112: 497–507

56 Molina BSG et al. Attention-deficit/hyperactivity disorder risk for heavy drinking and alcohol use disorder is age specific. Alcohol Clin Exp Res 2007; 31(4): 643–654

57 Chassin L et al. Binge drinking trajectories from adolescence to emerging adulthood in a high-risk sample: predictors and substance use outcomes. J Consulting Clin Psychol 2002; 70(1): 67–78

58 Bundeszentrale für gesundheitliche Aufklärung. Der Cannabiskonsum Jugendlicher und junger Erwachsener in Deutschland 2010. Ergebnisse einer Repräsentativbefragung und Trends. Köln: Bundeszentrale für gesundheitliche Aufklärung; 2011

59 Europäische Beobachtungsstelle für Drogen und Drogensucht. Im Internet: www.emcdda. europa.eu/stats11/gpstab1b; Stand: 16.08.2012

60 Europäische Beobachtungsstelle für Drogen und Drogensucht. Im Internet: http://www. emcdda.europa.eu/stats10/gpstab1d; Stand: 16.08.2012

Therapie der ADHS

 24 *Wann sollte die Indikation zur medikamentösen Behandlung gestellt werden?*

Die Indikation zur medikamentösen Behandlung sollte in Abhängigkeit vom Leidensdruck gestellt werden, und zwar dann, wenn sich andere therapeutische Maßnahmen bereits als unzureichend erwiesen haben. Nach der deutschen Leitlinie „ADHS im Erwachsenenalter" [1] sollte eine psychische und soziale Beeinträchtigung der Patienten bei der Indikationsstellung ebenso berücksichtigt werden wie die Relevanz der Symptome für den Alltag. Eine (multimodale) Behandlung ist nach den Empfehlungen dann angezeigt, wenn der Patient von einer starken Beeinträchtigung in mindestens einem Lebensbereich oder von einer leichten Beeinträchtigung in mindestens 2 Lebensbereichen berichtet. Es sollte dabei sichergestellt sein, dass die geschilderte Beeinträchtigung durch die Symptome der ADHS verursacht wurde (Abb. **8**).

Krause und Krause nennen für die Notwendigkeit einer Behandlung von ADHS im Erwachsenenalter auf Basis klinischer Erfahrungen folgende Indikatoren: [2]

- drohender Verlust des Arbeitsplatzes (häufig aufgrund von Unvermögen, kontinuierliche Leistungen zu erbringen)
- Angst, wegen innerer Unruhe verrückt zu werden
- tiefe Depression, extreme Antriebslosigkeit (stellt sich, anders als bei reinen Depressionen, in kurzer Zeit ein, bessert sich aber auch rasch wieder)
- ständig gespannte Ärgerlichkeit, die zu gesellschaftlicher Isolation führt (die es beispielsweise Müttern nicht erlaubt, geduldig mit ihren Kindern umzugehen)
- dauerhafte starke motorische Unruhe
- übermäßiger Alkohol- und/oder Nikotinkonsum (zur Entspannung)
- Verlust der Fähigkeit, das Alltagsleben zu organisieren
- das Gefühl, allen Geräuschen ausgeliefert zu sein und keine Ruhe finden zu können
- extreme Sensationslust, die zur Selbstgefährdung führt
- permanente Angst, den Überblick zu verlieren oder unter abruptem Verlust der Konzentration zu leiden (beispielsweise Gelesenes nicht im Gedächtnis behalten und deshalb eine Aufgabe nicht bewältigen zu können)

In der Praxis ist die Konstellation einer unbefriedigenden Vortherapie erfahrungsgemäß häufig, zumal viele Patienten auch bei einer zunächst nicht als ADHS erkannten Symptomatik entweder über psychotherapeutische oder medikamen-

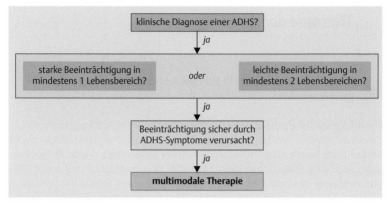

Abb. **8** Kriterien für die Indikation zur multimodalen Therapie (nach [1]).

töse Therapieerfahrung (beispielsweise mit Antidepressiva) verfügen. In der Regel ist damit bei schwer betroffenen Patienten auch die Indikation für einen spezifischen medikamentösen Behandlungsversuch der ADHS gegeben. Die Einleitung einer solchen Therapie entbindet jedoch nicht von der Notwendigkeit, die Indikation für weitere therapeutische Elemente zu prüfen.

25 Welche Therapieform wird für die Behandlung der ADHS im Erwachsenenalter empfohlen?

Für die Behandlung erwachsener Patienten wird ein multimodaler Therapieansatz empfohlen. Dieser basiert auf den 3 Säulen Psychoedukation (auch in Verbindung mit Coaching), Psychotherapie und medikamentöse Therapie. Unter den psychotherapeutischen Verfahren sind verhaltenstherapeutische Ansätze bislang am besten etabliert. Nach einem von Krause und Krause vorgestellten Algorithmus stellen in diesem Konzept die Psychoedukation bzw. die Psychotherapie die Basismaßnahmen dar (Abb. **9**). Der Therapiebeginn sollte begleitet sein von einer Aufklärung des Patienten über sein Krankheitsbild sowie von einer Psychotherapie [3]. Erfahrungsgemäß ist in den meisten Fällen für eine zufriedenstellende Symptombesserung zusätzlich eine medikamentöse Behandlung erforderlich. Für das weitere therapeutische Vorgehen ist in dieser Situation relevant, ob zusätzlich zu den ADHS-Symptomen eine psychiatrische Komorbidität vorliegt. Ist dies der Fall und sind die Symptome dieser Störung führend, ist in einem ersten Behandlungs-

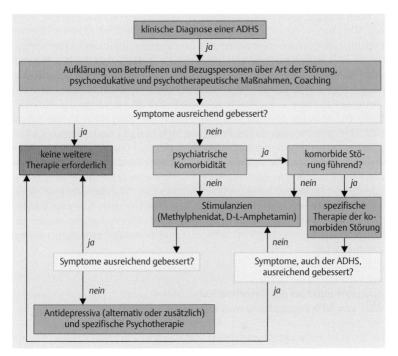

Abb. **9** Algorithmus zur multimodalen Therapie (nach [2]).

schritt eine spezifische Behandlung der Komorbidität angezeigt. Dominieren dagegen die Symptome der ADHS, sollte eine Behandlung mit einem Stimulans eingeleitet werden.

Wie bei Kindern und Jugendlichen wird die Gabe von Stimulanzien auch bei Erwachsenen mit ADHS als medikamentöse Therapie der 1. Wahl angesehen [4–6]. In der deutschen Leitlinie „ADHS im Erwachsenenalter" wird eine Behandlung mit Methylphenidat (MPH) empfohlen. Diese Empfehlung erfolgte zum Zeitpunkt der Leitlinienerstellung im Jahr 2003 mit der Evidenzstufe 1B und dem Empfehlungsgrad A. Seitdem wurden mehrere plazebokontrollierte, randomisierte, klinische Doppelblindstudien publiziert, welche die Wirksamkeit von MPH bei erwachsenen ADHS-Patienten bestätigen [7–9]. Die dort erhobenen Befunde haben dazu geführt, dass mit Medikinet® adult eine retardierte Darreichungsform von MPH im April 2011 in Deutschland als erstes Medikament zur Behandlung von ADHS-Patienten ab 18 Jahren zugelassen wurde.

Nach heutiger Vorstellung basiert die Wirksamkeit von MPH auf die Symptome von ADHS wesentlich auf einer Blockade von störungsbedingt überexprimierten Dopamintransportern, unter anderem in Bereichen des Striatums. Es wird vermutet, dass der Ansatz am Dopamintransporter die Wiederaufnahme von Dopamin in die Präsynapse verringert, sodass an der Postsynapse eine längere Dopaminwirkung resultiert [10]. Die erhöhte Konzentration von Dopamin zwischen den Nervenimpulsen scheint einen Rückkopplungseffekt zu aktivieren, der die präsynaptische dopaminerge Aktivität herunterreguliert. Im Nettoeffekt könnte daraus nach Einnahme therapeutischer Dosen von MPH eine pro Nervenimpuls im Vergleich zu Gesunden reduzierte Menge an freigesetztem Dopamin resultieren, eine relativ abgeschwächte Stimulation postsynaptischer Rezeptoren und eine schwächere psychomotorische Aktivierung [11]. Bei erwachsenen ADHS-Patienten war mithilfe von funktionell bildgebenden Verfahren (SPECT) in Bereichen des Striatums nach Gabe von MPH eine deutliche Reduktion der zuvor überexprimierten Dopamintransporter nachweisbar [12]. In anderen Untersuchungen wurden Anhaltspunkte gefunden, dass MPH auch als indirekter Noradrenalinagonist wirken könnte [13,14].

26 *Wie sollte bei der Dosistitration von MPH vorgegangen werden?*

Bei der Gabe von unretardiertem MPH sind allgemein ein zeitbezogener (sehr rascher) Wirkeintritt der Substanz und ein rasches Abklingen der Wirkung zu beachten. Da das Ansprechen auf die Substanz bei verschiedenen Patienten stark variieren kann, erfordert jede Behandlung eine individuelle Dosierung, die an der Wirksamkeit und Verträglichkeit der Therapie zu orientieren ist. Zur Behandlung erwachsener ADHS-Patienten ist derzeit mit Medikinet® adult ein retardiertes MPH-Präparat zugelassen, das ausgehend von einer empfohlenen Anfangsdosis von 10 mg täglich, bis zum optimalen Wirkungseffekt titriert werden sollte. Diese Tagesdosis kann abhängig von der Verträglichkeit und der Wirksamkeit in Dosisschritten mit wöchentlichem Abstand um jeweils 10 mg gesteigert werden. Es empfiehlt sich, die Tagesgesamtdosis auf zwei Einnahmezeitpunkte am Morgen und am Mittag, jeweils nach den Mahlzeiten, zu verteilen.

Um die Wirksamkeit der Behandlung auf die ADHS-Symptomatik in den verschiedenen Lebensbereichen umfassend beurteilen zu können, sollte die Medikation am Anfang der Behandlung kontinuierlich und regelmäßig eingenommen werden. Zudem ist darauf zu achten, dass in der Erprobungs- bzw. Titrationsphase möglichst alle Alltagssituationen abgedeckt sind, in denen ein ADHS-Patient von beeinträchtigenden Symptomen berichtet. Dabei sollte berücksichtigt werden, dass der Behandlungseffekt vom Patienten selbst nicht selten weniger deutlich wahrgenommen wird als von Personen aus seinem Umfeld. Eine Beurteilung des Behandlungseffekts durch Partner oder andere enge Bezugspersonen ist daher häufig hilfreich, jedoch in vielen Fällen nicht verfügbar.

Studienresultaten zufolge sind höhere Tagesdosen von MPH im Rahmen der untersuchten Dosisbereiche mit einem insgesamt besseren klinischen Behandlungseffekt verbunden [15]. Auch die bisherige klinische Erfahrung mit der Substanz legt nahe, dass es mit Blick auf eine zufriedenstellende Symptomkontrolle ratsam ist, MPH ausreichend zu dosieren. Um die optimale Dosis zu ermitteln, hat es sich in der Praxis bewährt, die Dosis von MPH kontinuierlich zu steigern, bis keine zusätzlichen Effekte zu beobachten sind. Dabei ist auf das Auftreten von unerwünschten Begleiterscheinungen wie Unruhe, erhöhter Puls, Kopfschmerzen, Appetitlosigkeit oder vermehrtes Schwitzen zu achten, die eine weitere Aufdosierung limitieren können. Sollten nicht tolerierbare Nebenwirkungen auftreten, ist die Tagesdosis auf die vorherige Dosisstufe zu reduzieren, womit die maximale therapeutische Einzeldosis erreicht ist.

Die Tageshöchstdosis von Medikinet® adult wird am Köpergewicht der Patienten orientiert. Auf der Basis der Zulassungsstudien wurde die Empfehlung ausgesprochen, die Tagesdosis von MPH auf 80 mg zu begrenzen. Für höhere Dosierungen liegen derzeit noch keine ausreichenden Erfahrungen vor. Wie praktische Erfahrungen zeigen, erzielt dieses Vorgehen jedoch bei einem Teil der Patienten, insbesondere bei hohem Körpergewicht, einen zum Teil ungenügenden Behandlungseffekt. In diesen Fällen kann eine weitere Aufdosierung von MPH über eine Tagesdosis von MPH das Behandlungsresultat verbessern. Dieses Vorgehen stellt in begründeten Fällen keine Abweichung vom empfohlenen Vorgehen dar. Alternativ empfehlen manche Autoren, mit Verweis auf die dokumentierten MPH-Nonresponder-Raten von etwa 25–35 %, anstelle der Höherdosierung eine Kombination mit anderen Wirksubstanzen [16]. Als bindende Tageshöchstdosis ist eine Dosis von 1 mg MPH/kgKG zu beachten.

27 Was ist bei der Einstellung des Patienten auf Medikinet® adult zu beachten?

Bei der Einstellung von erwachsenen Patienten werden 2 Situationen unterschieden. Dies ist erstens die Verordnung des Präparats an Patienten, die bereits aktuell eine Behandlung mit Medikinet® retard erhalten. Da dieses ausschließlich bei Kindern und Jugendlichen zugelassene Präparat in Wirkstoffgehalt, Zusammensetzung und Freisetzungsprofil identisch zu Medikinet® adult ist, kann die Behandlung hier unkompliziert auf das Erwachsenenpräparat umgestellt und zunächst mit der gleichen Tagesdosis wie bisher fortgesetzt werden. Im weiteren Verlauf ist dann, wie auch sonst üblich, die Notwendigkeit für eine Dosisanpassung in Abhängigkeit vom Behandlungsresultat individuell zu prüfen.

Die zweite Situation betrifft Patienten, die bislang noch nicht mit MPH behandelt wurden, sowie Patienten, die aktuell ein MPH-Präparat einnehmen, das sich in der Zusammensetzung und der Kinetik der Wirkstofffreisetzung von Medikinet® adult unterscheidet. Im Rahmen einer solchen Neueinstellung sollte ausgehend von der geringsten möglichen Dosierung eine Titration zum optimalen Behandlungseffekt erfolgen. Der Grund ist, dass Unterschiede der Galenik, der Zusammensetzung und Wirkstofffreisetzung bei Wahl einer (vermeintlich) gleichen oder ähnlichen Dosierung zu stark abweichenden Initialdosen führen und daher bei der Einstellung der Patienten berücksichtigt werden müssen (Abb. **10**) [17].

In Medikinet® adult ist MPH zur Hälfte in einer sofort freisetzenden Komponente und zur anderen Hälfte in einer verzögert freisetzenden Komponente mit jeweils 50% der Wirkstoffdosis enthalten. Nach Einnahme einer Dosis von beispielsweise 10 mg betragen demnach die Dosisanteile von sofort und verzögert freigesetztem Wirkstoff jeweils 5 mg. Klinisch ergibt sich aus dieser Kinetik ein Wirkeintritt der Substanz nach 30–60 Minuten im Anschluss an die Einnahme und infolge der verzögerten Wirkstofffreisetzung eine Wirkdauer von mehreren Stunden. Die langsame Wirkstofffreisetzung wird erzielt, indem die Hälfte der in einer Kapsel Medikinet® adult enthaltenen Pellets mit einem magensaftresistenten Lack überzogen werden, aus denen der Wirkstoff erst bei pH-Werten > 5,5 freigesetzt wird. Es ist zu beachten, dass die Retardwirkung bei diesem Präparat nur dann zuverlässig gegeben ist, wenn die Medikamenteneinnahme gleichzeitig mit einer Mahlzeit oder direkt im Anschluss daran erfolgt. Die Einnahme sollte auch nicht gemeinsam mit Alkohol erfolgen, da hier eine gegenseitige Wirkungsverstärkung resultieren kann [18]. Erfahrungen aus der Praxis zeigen, dass dies ebenfalls für Koffein gelten kann.

28 *Welcher Effekt resultierte in klinischen Studien nach einer Behandlung mit Medikinet® adult?*

Die Wirksamkeit und Verträglichkeit der Substanz bei erwachsenen ADHS-Patienten wurde im Wesentlichen in 2 randomisierten klinischen Studien mit doppelblindem Parallelgruppendesign untersucht. Die EMMA-Studie [7], eine Low-Dose-Studie mit 24 Wochen Laufzeit gab Anhaltspunkte, dass die Gabe von MPH (IR/ER 50:50) in einer Dosierung von im Mittel 40 mg/Tag (0,55 mg/kgKG) die Psychopathologie von ADHS gegenüber Plazebo ab der 5. Studienwoche (Ende der Titrationsphase) signifikant verminderte. Da der Fokus der Studie auf der Langzeitsicherheit und der langfristigen Stabilität der Wirksamkeit von MPH lag,

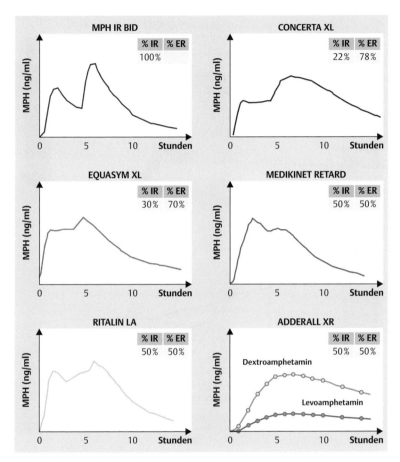

Abb. **10** Pharmakokinetische Profile von MPH-Retardpräparaten (nach [17]).

durfte bis lediglich maximal 60 mg Tagesdosis titriert werden. Der primäre Studienparameter, eine Veränderung im Wender-Reimherr-Interview (WRI), war zu diesem Zeitpunkt sowie bei allen weiteren Untersuchungszeitpunkten signifikant zugunsten des Studienarms mit MPH verändert. Dabei war eine Dosis-Wirkungs-Beziehung für MPH nachweisbar (Abb. **11 a,b**).

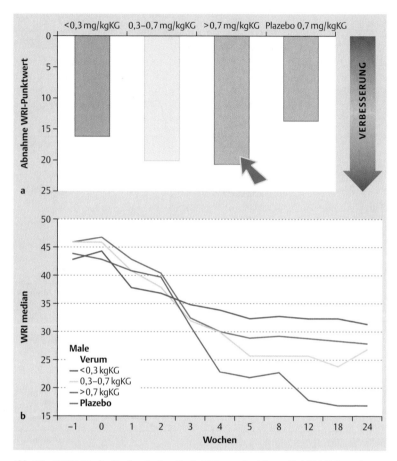

Abb. 11 EMMA-Studie: Nachweis einer Dosis-Wirkungs-Beziehung für MPH. Bei zunehmenden Tagesdosierungen (bis maximal 60 mg) verbesserte sich der klinische Effekt (nach: Rösler M., 3rd International Congress on ADHD, Berlin, May 26th 2011).

Hinweise für Tachyphylaxie oder ein anders bedingtes Nachlassen der Effekte im Behandlungsverlauf fanden sich nicht. Zudem war bei Patienten im Studienarm mit MPH zu Woche 24 eine signifikante Besserung der WRI-Subskalen für Desorganisation (p = 0,004) und emotionale Dysregulation (p = 0,009) nachweisbar. Die Besserung der affektiven Beeinträchtigung war für die Symptombereiche

Affektlabilität (Stimmungsschwankungen, Selbstbeherrschung hinsichtlich Reizbarkeit und Wutausbrüchen sowie emotionale Überreaktivität) dokumentiert worden. Der Effekt war nach 24 Wochen MPH-Therapie signifikant und ähnlich ausgeprägt wie bei den ADHS-Kernsymptomen [19]. Für die Änderung des Gesamt-Scores im Wender-Reimherr-Interview war die beobachtete Effektstärke mit 0,39 etwas niedriger als erwartet. Dies ist möglicherweise auf die vergleichsweise niedrige gewählte mittlere Tagesdosierung von 40 mg MPH zurückzuführen, die aus heutiger Sicht eher eine Therapie im unteren wirksamen Dosisbereich darstellt.

In der QUMEA-Studie [20] wurde, aufgrund der Erfahrungen aus der EMMA-Studie, unter anderem zur Dosis-Wirkungs-Beziehung für MPH, eine höhere gewichtsadaptierte mittlere Tagesdosis von MPH (IR/ER 50:50; Medikinet® adult) von bis zu 1 mg/kgKG eingesetzt. Hier wurde nach einer 8-wöchigen doppelblinden Studienphase im Studienarm mit MPH ein signifikanter Rückgang des WRI-Gesamt-Scores beobachtet. Weiter zeigten sich eine signifikante Besserung der Aufmerksamkeitsstörung, der Hyperaktivität und der Impulsivität, die in der Effektstärke ausgeprägter waren als in der EMMA-Studie. Signifikant mehr Patienten im Studienarm mit MPH erfüllten das Kriterium für Therapieansprechen (≥ 30% Rückgang im WRI-Gesamtscore) (50 vs. 18%; p < 0,0001). Nach den Resultaten der QUMEA-Studie kann neben der Psychopathologie der ADHS auch die Wirksamkeit des retardierten MPH auf die Alltagsfunktionalität positiv beeinflusst werden. Anhand der *Sheehan Disability Scale* war eine signifikante und über den Beobachtungszeitraum stabile Verbesserung in den Bereichen Arbeit, Beruf und Familienleben sichtbar. Schließlich wurde gezeigt, dass das Ansprechen der Patienten auf die Behandlung mit MPH unabhängig vom Geschlecht, dem Raucherstatus und dem Alter (>/≤ 38 Jahre) war. Als Einflussvariable für das Behandlungsresultat war einzig die MPH-Dosis relevant: Höhere Dosierungen hatten im Mittel einen zusätzlich günstigen Einfluss auf das Therapieergebnis (OR 5,7; p < 0,0001). Bei den meisten Patienten in der Verumgruppe (n = 84) wurde die Titration erst bei 60 mg (n = 23) bzw. 80 mg (n = 40) beendet. Mit Dosierungen unter 40 mg wurden nur 7 Patienten behandelt. Die mittlere Dosis in der QUMEA-Studie betrug 66 mg bzw. 0,9 mg/kgKG.

29 Welche anderen Therapieoptionen gibt es, wenn MPH nicht wirkt oder nicht vertragen wird?

In Deutschland sind derzeit neben retardiertem MPH (Medikinet® adult) keine weiteren Wirkstoffe zur Behandlung von Erwachsenen mit ADHS zugelassen. Behandlungsversuche, beispielsweise nach unzureichender Wirksamkeit oder Unverträglichkeit von MPH, erfolgen daher außerhalb der Zulassungsbestimmungen (off label). In diesem Rahmen kann bei nicht ausreichender klinischer Symptombesserung oder beispielsweise bei depressiver Verstimmung im Zusammenhang mit einer MPH-Behandlung ein Therapieversuch mit Amphetaminen erwogen werden [21]. Eine klinische Wirksamkeit auf die Symptome von ADHS im Erwachsenenalter wurde in offenen bzw. doppelblinden Studien mit D-Amphetamin [22,23] (in Tagesdosen von 22–23 mg bzw. 40 mg/Tag) und Amphetaminsalzen [24,25] (in Dosierungen von 10–60 mg/Tag) nachgewiesen. Auch Erfahrungen aus der Praxis zeigen, dass Amphetamin bei einem Teil der Patienten ab einer Tagesdosis von 10 mg (2×5 mg) klinisch wirksam ist. Zugelassen und in Deutschland verordnungsfähig sind das racemische Gemisch aus D- und L-Amphetamin sowie D-Amphetamin, das seit kurzer Zeit in Form von Tabletten als erstes Fertigarzneimittel verfügbar ist. Auch Kombinationsbehandlungen, bei denen das Amphetamin in niedriger Dosierung von ca. 2 mg täglich mit Venlafaxin gegeben wird, können nach Einzelfallbeobachtungen bei ausgewählten Patientengruppen, beispielsweise mit komorbider Borderline-Störung, hilfreich sein [26]. Für Modafinil ist eine klinische Wirksamkeit bei ADHS im Erwachsenenalter nicht sicher belegt. Die Substanz hat in einer Doppelblindstudie mit erwachsenen ADHS-Patienten einen ähnlichen Effekt erzielt wie D-Amphetamin [27]. Dieser konnte jedoch in einer größeren multizentrischen Studie nicht bestätigt werden [28]. Insgesamt ist die Effektstärke einer Behandlung mit Amphetaminen wahrscheinlich etwas höher einzustufen als die Effektstärke einer MPH-Behandlung. In einer Metaanalyse klinischer Studien erbrachte der Vergleich von 11 Substanzen eine moderat, jedoch signifikant höhere Effektstärke zugunsten von Amphetaminpräparaten [29].

Nichtstimulanzien, für die in klinischen Studien mit erwachsenen ADHS-Patienten ein positiver Effekt nachweisbar war, sind beispielsweise der selektive Noradrenalin-Wiederaufnahmehemmer Atomoxetin und, vermutlich aufgrund gleichzeitig dopaminerger und noradrenerger Wirkkomponenten, das nicht trizyklische Antidepressivum Bupropion. Für Atomoxetin wurde eine klinische Wirksamkeit bei der Behandlung erwachsener ADHS-Patienten in plazebokontrollierten Doppelblindstudien erbracht [30,31]. Die Substanz ist in Deutschland zur Behandlung der ADHS im Kindes- und Jugendalter zugelassen. Eine in dieser Zeit begonnene Behandlung kann bei weiter bestehendem Therapiebedarf im Erwachsenenalter fortgesetzt werden. Eine Zulassung für die Behandlung erwachsener Patienten im eigentlichen Sinn besteht jedoch nicht. Die Gabe von Bupropion, das überwiegend als Retardformulierung verabreicht wurde (SR, XL) erzielte in offenen Studien [32] sowie in doppelblinden Parallelgruppenstudien [33,34] von 6–8 Wochen Laufzeit vs. Plazebo signifikant günstigere Responderraten.

30 *Welchen Nutzen haben alternative Behandlungsmethoden?*

In der Praxis wird von Patienten im Zusammenhang mit den Behandlungsmöglichkeiten bei ADHS häufig die Frage zum Nutzen von „alternativen Maßnahmen", beispielsweise Diäten, gestellt. Wie Erfahrungen im Umgang mit der ADHS bei Kindern zeigen, weist ein sehr kleiner Teil der Patienten eine Unverträglichkeit für bestimmte Nahrungsstoffe auf, die mit der Symptomatik in Verbindung gebracht werden kann. Der Ausschluss dieser Nahrungsstoffe aus der Ernährung kann in diesen Fällen eine Linderung der Symptomatik bewirken, die jedoch insgesamt weniger deutlich ausfällt als nach einer Medikamentengabe oder Verhaltenstherapie. Zudem ist anzumerken, dass die sogenannte oligoantigene Diät von Patienten nur sehr schwierig umzusetzen ist und aufgrund des hohen Aufwands erfahrungsgemäß nur selten längerfristig durchgehalten wird. Im Alltag bei der Behandlung von ADHS hat sich diese Maßnahme jedoch nicht durchgesetzt [35].

Etwas positiver wird nach neueren Untersuchungen die Anwendung einzelner, ganz bestimmter Nahrungsergänzungsstoffe gesehen, die in klinischen Studien untersucht wurden. Hier gibt es beispielsweise aus einer Studie mit Kindern mit motorischen Entwicklungsstörungen Anhaltspunkte für positive Effekte von Omega-3-Fettsäuren auf typische Symptome der ADHS [36], die Verfügbarkeit weiterer prospektiver, randomisierter und doppelblinder Studien zum klinischen Nutzen der Omega-3-Fettsäuren wird bei ADHS für wünschenswert gehalten [37].

Im Hinblick auf eine Vielzahl von frei gehandelten und breit angebotenen Mitteln ist mangels zuverlässiger Daten bzw. sogar einer potenziell schädlichen Wirkung große Skepsis angebracht. Beispielsweise wurde eine Warnung vor der Einnahme von Nahrungsergänzungsmitteln aus AFA-Algen bereits vor Jahren durch das BfArM und das (damalige) Bundesamt für gesundheitlichen Verbraucherschutz und Veterinärmedizin ausgesprochen. Bei den sogenannten AFA-Algen handelt es sich um Cyanobakterien, bei denen bestimmte Stämme Gifte bilden, die das Nervensystem angreifen und schädigen können. Zudem wurden Verunreinigungen mit anderen Cyanobakterien beobachtet, die leberschädigende Gifte (Microcystine) erzeugen [38].

Einige kontrollierte Untersuchungen liegen inzwischen zum Biofeedback (Neurofeedback) vor, wobei zum Teil ermutigende Resultate berichtet wurden. Das Prinzip dieses Verfahrens beruht darauf, dass Betroffene lernen, ihre hirnelektrische Aktivität gezielter und ökonomischer einzusetzen, um auf diese Weise ihr Verhalten besser steuern und ihre Fähigkeiten besser einbringen zu können. Günstige Effekte scheinen sich insbesondere auf die Symptome von Impulsivität und Unaufmerksamkeit zu zeigen [39]. Auch hier sind weitere kontrollierte Studien erforderlich, welche die bislang dokumentierten Effekte untermauern. Zu homöopathischen Anwendungen, Ergotherapie, Psychomotorik und Entspannungsverfahren (z. B. Muskelentspannung nach Jacobson, autogenes Training etc.) fehlen bislang kontrollierte Studien, sodass diesbezüglich Zurückhaltung geboten ist.

31 In welcher Frequenz sollten Patienten nach Beginn einer medikamentösen Behandlung erneut in die Praxis einbestellt werden?

Es erscheint sinnvoll, Patienten nach Beginn einer Stimulanzienbehandlung zunächst engmaschig zu betreuen. So kann bis zum Erreichen einer stabilen Dosis eine wöchentliche Einbestellung der Patienten erforderlich sein. Nach Berichten niedergelassener Kollegen hat es sich bewährt, in dieser Behandlungsphase die Möglichkeit zum telefonischen Kontakt anzubieten, da erfahrungsgemäß Fragen zur Medikation kurzfristig geklärt werden müssen. Im längerfristigen Verlauf einer Behandlung mit MPH sind Kontrolluntersuchungen im mindestens halbjährlichen Rhythmus erforderlich. Bei diesen Anlässen ist zudem der kardiovaskuläre Status der Patienten zu erheben. Wie auch bei jeder Dosisanpassung sind hier Blutdruck und Puls zu messen und in einer grafischen Darstellung zu dokumentieren. Im gleichen Abstand sind das Körpergewicht des Patienten und dessen Appetit in einem Verlaufsdiagramm darzustellen. Zu den Kontrolluntersuchungen im Verlauf zählt zudem die Erfassung von eventuell neu auftretenden psychiatrischen Störungen und einer möglichen Verschlechterung bestehender psychiatrischer Symptome. Beides ist nach jeder Dosisanpassung sowie im Rahmen der möglichst vierteljährlichen Kontrolluntersuchung zu überprüfen.

32 Mit welcher (Langzeit-)Perspektive erfolgt die Einstellung auf MPH? Ist prinzipiell eine Dauertherapie erforderlich?

Die medikamentöse Behandlung erwachsener Patienten mit Methylphenidat kann für eine ausreichende Symptomkontrolle als Dauertherapie erforderlich sein. Die klinische Erfahrung zeigt jedoch, dass MPH bei einem Teil der Patienten im Verlauf der Behandlung in der Dosis reduziert oder sogar abgesetzt werden kann. Vor diesem Hintergrund sollte der langfristige Nutzen von MPH für den individuellen Patienten durch Einlegen behandlungsfreier Zeitabschnitte regelmäßig neu bewertet werden. Die Dauer der behandlungsfreien Abschnitte ist nicht festgelegt und liegt im Ermessen des Arztes bzw. ist an den Angaben des Patienten orientiert. Im Einzelfall können daher auch versehentliche Dosisauslassungen durch den Patienten im Sinne einer therapiefreien Phase bewertet werden. Dabei sollte dann die Veränderung der Symptomatik durch den Patienten beispielsweise anhand von Selbstbeurteilungsskalen (ADHS-SB, Conners-Skala) erfasst und dokumentiert werden. Auch vor diesem Hintergrund empfiehlt es sich, grundsätzlich vor Beginn einer (multimodalen) Therapie den aktuellen Status der ADHS-Symptome und die Zielsetzung der Therapie zu dokumentieren.

33 *Welche Nebenwirkungen der Behandlung mit Stimulanzien sind zu beachten?*

Eine therapeutische Gabe von Stimulanzien im normalen Dosisbereich wird im Allgemeinen gut vertragen. Eine Nebenwirkungsproblematik zeigt sich in vielen Fällen überwiegend zu Beginn einer Therapie und kann sich erfahrungsgemäß im Verlauf der Behandlung verbessern. Für die Praxis ist relevant, dass die Mehrzahl der beobachteten unerwünschten Wirkungen auch als Symptome der Grunderkrankung oder einer Komorbidität auftreten können. Es gilt demnach im Einzelfall zu prüfen, welche Nebenwirkung zu welchem Zeitpunkt auftritt.

Als häufigste unerwünschte Wirkungen werden ein verminderter Appetit, Anorexie sowie Einschlafstörungen oder ein verringerter Schlafbedarf beschrieben sowie Nervosität, Übelkeit und Kopfschmerzen. Als mögliche psychiatrische Symptome sind unter anderem Affektlabilität, aggressives Verhalten, Unruhe und Reizbarkeit berichtet worden.

Da eine Stimulanzienbehandlung mit einer im Allgemeinen geringen sympathomimetischen Aktivierung einhergeht, kann es im Verlauf der Behandlung zu einem Anstieg des Blutdrucks kommen sowie zu Tachykardie, Palpitationen und Arrhythmie. In den klinischen Zulassungsstudien zu Medikinet® adult waren die Blutdruckeffekte der Studienmedikation nach 8- und 24-wöchiger Studiendauer klinisch nicht relevant [7, 40]. Beobachtet wurde ein vorübergehender geringfügiger (signifikanter) Anstieg der Herzfrequenz während der Titrationsphase, der im weiteren Verlauf nicht mehr nachweisbar war. Der längerfristige Verlauf von Blutdruck und Herzfrequenz ist während einer Stimulanzientherapie dennoch regelmäßig zu kontrollieren. Bei Patienten mit kardialen Risikofaktoren erfordert dies eine besondere Aufmerksamkeit.

34 *Was kann Patienten gesagt werden, die eine Parkinson-Erkrankung als mögliche Spätfolge einer MPH-Behandlung befürchten?*

Die Behauptung, dass die Einnahme von MPH im Kindesalter im langfristigen Verlauf die Entstehung einer Parkinson-Erkrankung begünstigen könnte, hat vor einigen Jahren zu großer Medienbeachtung und Verunsicherung bei den Betroffenen geführt. In einer Stellungnahme der Deutschen Gesellschaft für Kinder- und Jugendpsychiatrie und Psychotherapie (DGKJP) wird diese Vermutung als in hohem

Maße spekulativ bezeichnet [41]. Es gebe weder Fallberichte noch klinische Erfahrungen, die eine solche Hypothese rechtfertigen, zumal Stimulanzien seit Ende der 1930er-Jahre verordnet werden und MPH seit Mitte der 1970er-Jahre auch in Deutschland in größerem Umfang eingesetzt wird. Nach vorliegenden Ergebnissen aus Langzeitbehandlungen mit Stimulanzien sowie mehr als 10-jährigen klinischen Beobachtungen seien keine negativen Langzeitfolgen erkennbar [42,43]. Auch eine neuere Untersuchung, bei der Parkinson-Patienten im Vergleich zu Kontrollen untersucht wurden, ergab keine Anhaltspunkte, dass eine Stimulanzienbehandlung das Auftreten einer Parkinson-Erkrankung begünstigt [44].

35 Kann eine Behandlung mit MPH suchtinduzierend oder suchtverstärkend wirken?

Nach heutiger Vorstellung erhöht eine Behandlung mit MPH nicht das Risiko für die Entwicklung einer Suchterkrankung. Aus einer Langzeitverlaufsstudie liegen sogar Anhaltspunkte vor, nach denen eine frühe multimodale Behandlung der ADHS unter Einbeziehung von MPH das Risiko für eine Suchtentwicklung möglicherweise senken kann [45]. Spätere Untersuchungen derselben Arbeitsgruppe bestätigten anhand weiterer Daten, dass eine Therapie mit Stimulanzien das Risiko für eine spätere Suchterkrankung zumindest nicht erhöht [46].

Anhaltspunkte für einen protektiven Effekt einer Behandlung mit Stimulanzien auf die Entwicklung einer Suchterkrankung gab eine Metaanalyse von 7 prospektiv angelegten klinischen Studien. Aus einer dort dokumentierten Risikominderung um den Faktor 1,9 wurde geschlossen, dass die Stimulanzienbehandlung bei Kindern gegenüber einer Nichtbehandlung das Risiko für einen späteren Drogen- oder Medikamentenmissbrauch auf das in der Allgemeinbevölkerung vorhandene Maß reduzieren kann [47]. Für Deutschland hat eine vom Bundesministerium für Gesundheit in Auftrag gegebene Kohortenuntersuchung ebenfalls keine Hinweise ergeben, dass eine MPH-Behandlung im Kindesalter das Risiko für eine spätere Suchterkrankung erhöht [48]. Hier wurde unter anderem gezeigt, dass Kinder, die aufgrund einer ADHS mit MPH behandelt wurden, im Vergleich zu Kindern ohne diese Therapie im Mittel signifikant später mit einem regelmäßigen Nikotinkonsum begannen. Diesem Behandlungseffekt wird im Hinblick auf eine Suchtentwicklung Bedeutung beigemessen.

36 *Ist bei ADHS-Patienten mit anamnestisch bekannter komorbider Suchtstörung eine medikamentöse Behandlung der ADHS sinnvoll? Unter welchen Bedingungen ist sie umsetzbar?*

Eine anamnestisch bekannte Suchterkrankung stellt keine absolute Kontraindikation für eine Behandlung mit Stimulanzien dar. Sie erfordert jedoch eine engmaschige Betreuung, da bei diesen Patienten ein erhöhtes Risiko für eine missbräuchliche Einnahme angenommen werden muss, insbesondere, wenn eine komorbide Störung des Sozialverhaltens vorliegt [49]. Zudem gibt es Hinweise, dass die Wahrscheinlichkeit für eine erfolgreiche Behandlung der ADHS mit einer Beendigung des Substanzmissbrauchs steigt [50]. Insofern sollte bei Beginn einer Behandlung mit Stimulanzien sichergestellt sein, dass der Patient bereit ist, mit der Zielsetzung einer Abstinenz auf die Fortsetzung des Suchtmittelkonsums zu verzichten oder den Missbrauch auf ein sehr geringes Level zu reduzieren. Dies muss im Verlauf anhand eines regelmäßigen Drogen-Screenings überprüft werden.

Als Mittel der ersten Wahl wird MPH eingesetzt, das nach Eindrücken aus der suchtmedizinischen Praxis einem Teil der ADHS-Patienten über die Kontrolle der ADHS-Symptomatik die Teilnahme an einer suchttherapeutischen Gruppenintervention erleichtern kann. Anhand von Fallstudien wurde z.B. berichtet, dass kokainabhängige Patienten mit begleitender ADHS von MPH profitieren können, indem neben einer Besserung der ADHS-Symptome auch eine langfristige Suchtmittelabstinenz erreicht werden kann [51, 52]. Auch eine offene Studie mit 10 Patienten gab Anhaltspunkte, dass eine Behandlung mit MPH bei süchtigen Patienten nicht nur die ADHS-Symptomatik besserte, sondern zusätzlich mit einem verminderten Kokainmissbrauch verbunden war [53]. Dieses Ergebnis konnte von anderen Autoren in einer plazebokontrollierten Doppelblindstudie mit 48 ADHS-Patienten jedoch nicht bestätigt werden. Hier zeigten sich nach der Gabe von MPH zwar eine signifikante Besserung der ADHS-Symptomatik, jedoch kein verminderter Kokainkonsum und kein vermindertes Craving [54].

Zur missbräuchlichen Anwendung von Stimulanzien durch ADHS-Patienten gibt es nur wenige Daten. In einer US-amerikanischen Erhebung mit knapp 10 000 Studenten wurde für den Missbrauch bzw. nicht medizinischen Gebrauch von Stimulanzien eine Lebenszeitprävalenz von etwas mehr als 8 % ermittelt [55]. Für Deutschland existieren dazu keine vergleichbaren Daten, doch dürfte die Bedeutung von MPH als Suchtmittel bei Erwachsenen gering sein. Dies gerade auch in Anbetracht der leichten Beschaffungsmöglichkeit von Substanzen, die aufgrund einer stärkeren euphorisierenden Wirkung für eine missbräuchliche Anwendung „besser geeignet sind" sind als MPH.

In diesem Zusammenhang ist relevant, dass eine missbräuchliche Anwendung von Stimulanzien mit rascher Wirkstofffreisetzung aufgrund der raschen Anflutung für den Nutzer deutlich „interessanter" ist als der Missbrauch von Präparaten mit verzögerter Wirkstofffreisetzung. Daher gibt es seit einigen Jahren die Empfehlung, Patienten mit Suchtanamnese oder mutmaßlich hohem Risiko für einen Missbrauch bevorzugt ein Retardpräparat zu verordnen und auf Präparate mit rascher Wirkstofffreisetzung eher zu verzichten [56]. Erscheint die Gabe von MPH im individuellen Fall nicht geeignet, kann auch ein Behandlungsversuch mit Atomoxetin erwogen werden. Die Gabe des selektiven Noradrenalin-Wiederaufnahmehemmers erfolgt im Falle einer Neueinstellung des erwachsenen Patienten als Off-Label-Use.

37 Sind in Anbetracht häufiger Komorbidität und Komedikation bei Behandlung mit MPH Arzneimittelinteraktionen zu beachten?

Methylphenidat wird nicht in klinisch relevantem Ausmaß über das hepatische Cytochrom-P450-System abgebaut. Daher ist von Induktoren oder Inhibitoren von Cytochrom-P-450 kein relevanter Einfluss auf die Pharmakokinetik von MPH zu erwarten. Umgekehrt zeigt MPH keinen relevanten hemmenden Einfluss auf Isoenzyme des Cytochrom P-450-System. Zu beachten ist dagegen, dass MPH den Metabolismus von verschiedenen häufig verordneten Substanzen hemmen kann. Dies sind Antikoagulanzien vom Cumarin-Typ, Antikonvulsiva (wie Phenobarbital, Phenytoin oder Primidon) sowie einige Antidepressiva (wie trizyklische Antidepressiva und selektive Serotonin-Wiederaufnahmehemmer). Aus diesem Grund kann es zu Beginn oder beim Absetzen einer MPH-Therapie erforderlich sein, die Dosis dieser Medikamente anzupassen und die Wirkstoffkonzentrationen im Plasma zu bestimmen (bzw. bei Cumarin die Koagulationszeiten) [58]. Vorsicht ist zudem geboten bei der gleichzeitigen Anwendung von MPH und Medikamenten, die ebenfalls eine Blutdruckerhöhung verursachen können. Aufgrund des Risikos für die Entwicklung einer hypertensiven Krise ist MPH bei Patienten kontraindiziert, die aktuell mit einem nicht selektiven irreversiblen MAO-Hemmer behandelt werden oder die eine solche Substanz in den vorangegangenen 14 Tagen erhalten haben.

Die gleichzeitige Gabe von MPH gemeinsam mit dopaminergen Wirkstoffen sollte mit Vorsicht erfolgen, da die Erhöhung der extrazellulären Dopaminkonzentrationen zu den Hauptwirkungen von MPH zählt und pharmakokinetische Wechselwirkungen beispielsweise mit antipsychotisch wirksamen Substanzen nicht ausgeschlossen werden können. Im Zusammenhang mit der Anwendung zentral wirksamer Alpha-2-Agonisten (wie Clonidin) wurden schwerwiegende Nebenwirkungen einschließlich eines plötzlichen Todes gemeldet [57]. Die Sicherheit einer gleichzeitigen Einnahme von MPH und Clonidin ist nicht untersucht.

Da auch im Rahmen einer Operation nach Gabe halogenierter Narkosemittel das Risiko für eine plötzliche Erhöhung des Blutdrucks besteht, sollte MPH nicht am Tag einer Operation gegeben werden, falls geplant ist, halogenierte Narkosemittel einzusetzen [57].

Aufgrund der besonderen (verzögerten) Wirkstofffreisetzung darf Medikinet® adult nicht gemeinsam mit H2-Blockern oder Antazida eingenommen werden, da hierbei eine raschere Freisetzung der Wirkstoffmenge resultieren kann [57].

38 Welchen Stellenwert hat die Psychoedukation?

Die Psychoedukation wird in multimodalen Behandlungskonzepten als Basis jeder therapeutischen Intervention angesehen. Sie hat zunächst zum Ziel, dem Patienten und ggf. dessen Angehörigen ein Basisverständnis über die Entstehung der ADHS-Symptomatik zu vermitteln und Möglichkeiten zur therapeutischen Intervention vorzustellen. Anhand von weiteren, für Erwachsene relevanten Aspekten zu Selbstbild und Selbstwert soll eine emotionale Entlastung der Patienten erreicht werden. Auch eine Hilfe zur Selbsthilfe ist relevant und kann etwa mit dem Ziel einer Verbesserung der Selbstorganisation im Alltag angeboten werden. In ähnlicher Weise werden in verfügbaren Manualen ein verbessertes Stressmanagement, Möglichkeiten zur Stimmungsregulation und Impulskontrolle sowie Ansätze zur Selbstmodifikation von problematischem Verhalten vorgestellt [58].

39 Was sind die Inhalte der Psychoedukation? Wo liegen die Grenzen?

Ein übergeordnetes Ziel der Psychoedukation kann es sein, bei Patienten ein Bewusstsein für ein ressourcenorientiertes Handeln zu wecken, anstelle einer im Wesentlichen defizitorientierten Sichtweise. Psychoedukation kann in der Praxis in unterschiedlicher Intensität erfolgen. Zielführend erscheint insbesondere die Anwendung von Psychoedukationskonzepten, die klar manualisiert sind und die eine definierte, begrenzte Anzahl von Sitzungen vorsehen. Es scheint im Sinne einer guten Unterstützung darüber hinaus sinnvoll zu sein, den Patienten die wichtigsten Aspekte in Form von Manualen (Handouts) zur Verfügung zu stellen.

Vor diesem Hintergrund stellt die begrenzte Verfügbarkeit von Angeboten zur Psychoedukation erwachsener ADHS-Patienten ein praktisches Problem dar. Hier erscheint das Angebot einer Psychoedukation von Gruppen am ehesten praktikabel und wegen der zu erwartenden positiven gruppendynamischen Effekte auch wünschenswert. Die Genehmigung, Psychoedukation als verhaltenstherapeutische Gruppentherapie abzurechnen, ist jedoch momentan nur bei einem kleineren Anteil von Psychotherapeuten gegeben.

40 Welche psychotherapeutischen Verfahren sind für ADHS-Patienten geeignet?

Störungsorientierte psychotherapeutische Verfahren werden bei Erwachsenen mit ADHS mit zum Teil ermutigenden Erfolgen als Einzel- und Gruppentherapieverfahren eingesetzt. Sie kommen unter anderem im Kontext mit bestehenden Komorbiditäten zur Anwendung (beispielsweise bei Depression, Ängstlichkeit oder Substanzmissbrauch) sowie mit Blick auf soziale Konsequenzen der Störung, wie Arbeitslosigkeit, Ehescheidungen und Gefängnisaufenthalte [59–61]. Das Ziel dieser Interventionen ist es, die Patienten in ihren Alltagsfunktionen zu unterstützen, wobei positive Effekte in offenen und kontrollierten Studien nachweisbar waren. Im Rahmen einer Studie zur Evaluierung der Verhaltenstherapie (Cognitive Behavioral Therapy, CBT) als Gruppentherapieverfahren konnte unter anderem gezeigt werden, dass Patienten durch die Intervention im Vergleich zu einer Kontrollgruppe ein umfangreicheres Wissen zur ADHS hatten und ein höheres Selbstwirksamkeitsgefühl sowie ein besseres Selbstwertgefühl erreichten [62].

Im Rahmen kognitiver verhaltenstherapeutischer Ansätze wird für die Praxis ein manualisiertes Vorgehen unter Verwendung von 3 Modulen empfohlen, welches die Schwerpunkte Organisation und Planung, Ablenkbarkeit und kognitive Umstrukturierung enthält [62,64]. Wie Studiendaten zur CBT in einem Einzel-Setting nahelegen, kann eine solche Intervention den Effekt einer Pharmakotherapie auf eine ADHS-Symptomatik verbessern [65]. Hier ergab eine Auswertung nach unabhängiger ärztlicher Beurteilung und Selbstberichten der Patienten signifikante zusätzliche Effekte von der CBT, nicht nur in Bezug auf die ADHS-Symptomatik (ADHD-CL), sondern auch auf Komorbiditäten wie Depression und Angst. Im Rahmen einer CBT könnten somit möglicherweise bestimmte Symptombereiche günstig beeinflusst werden, die einer medikamentösen Behandlung weniger zugänglich sind. In einer weiteren Studie konnten Safren und Mitarbeiter zeigen, dass eine individuelle CBT die ADHS-Symptomatik bei Erwachsenen effektiver beeinflusst als ein Entspannungstraining [66].

Als weitere verhaltenstherapeutische Optionen kommen Ansätze aus dem dialektisch behaviouralen Setting (DBT) in Betracht, idealerweise in Verbindung mit einem Coaching. Auch diese sind geeignet, die Patienten bei der Entwicklung alltagsrelevanter kompensatorischer Strategien zu unterstützen. Hierzu ist ein strukturiertes und manualisiertes Konzept für eine Gruppenpsychotherapie verfügbar, das an Elementen der DBT nach Linehan orientiert wurde. Dieses sogenannte Freiburger Programm enthält 13 Einzelmodule, in denen unter anderem die Bereiche Achtsamkeit, Chaos und Kontrolle, Gefühlsregulation, Impulskontrolle, Stressmanagement, Suchtverhalten sowie Beziehungen trainiert werden können [67]. Es wird derzeit in einer prospektiven, multizentrischen, randomisierten Studie untersucht, ob das Programm in Kombination mit einer medikamentösen Therapie mit MPH bessere Resultate erzielt als beispielsweise eine Pharmakotherapie in Verbindung mit einem allgemeinen klinischen Management [68]. Ähnliche Studien wären nötig, um zu prüfen, inwieweit spezifische tiefenpsychologisch fundierte Verfahren, wie primär die analytisch-interaktionelle Psychotherapie, vor allem im Gruppen-Setting, vergleichbar positive Veränderungen hervorrufen kann.

41 Welche Bedeutung hat sportliche Aktivität in aktuellen Behandlungskonzepten?

Die Effekte körperlicher Aktivität auf die Symptome von ADHS sind in Studien erst teilweise untersucht, wobei die Mehrzahl der Untersuchungen an Schulkindern erfolgte. Insgesamt zeigte sich ein breites Spektrum an positiven Auswirkungen. Beispielsweise besserten 30 Minuten körperliche Aktivität (Aerobic) bei Kindern mit diagnostizierter ADHS das Abschneiden bei unterschiedlichen neuropsychologischen Tests, etwa dem Stroop-Test und dem Wisconsin-Card-Sorting-Test (WCST) [69]. In einer weiteren Studie an 8- bis 12-jährigen Jungen wurden die Auswirkungen von moderater und intensiver körperlicher Aktivität über den Tag verglichen und dokumentiert, dass ein höheres Maß an Aktivität mit einer besseren Leistungsfähigkeit bei Exekutivfunktionen korreliert war [70]. Hill und Mitarbeiter stellten in einer Untersuchung an 8- bis 12-jährigen Kindern nach einem 1-wöchigen Programm mit körperlicher Aktivität im Klassenraum eine verbesserte kognitive Leistungsfähigkeit fest [71]. Dieser Effekt war variabel ausgeprägt, jedoch unabhängig vom Geschlecht, der Schwere der ADHS und dem Body-Mass-Index (BMI).

Die Bedeutung regelmäßiger körperlicher Aktivität geht über diese beobachteten Effekte wahrscheinlich noch deutlich hinaus. Diskutiert werden positive Auswirkungen auf ADHS-assoziierte Symptome wie beispielsweise Depression und Angst [72]. Nach einer Übersicht auf der Basis der aktuellen Literatur zeigen sich außerdem Vorteile bei bestehender mangelhafter Impulskontrolle sowie positive Effekte auf das Arbeitsgedächtnis und die Affektlage [73]. Es wird vermutet, dass körperliche Aktivität auch bei erwachsenen ADHS-Patienten eine verbesserte funktionelle Anpassung unterstützen kann und zwar unabhängig von Medikation oder anderen Behandlungsmaßnahmen.

Insgesamt spiegeln diese positiven Berichte zu regelmäßiger körperlicher Aktivität die Erfahrungen aus der Praxis wider. Patienten, die beispielsweise Ausdauersportarten wie Jogging ausüben, berichten häufig über eine verbesserte Konzentration und günstige Effekte auf die Stimmung. Die Wahl der Sportart erscheint nach praktischen Erfahrungen für den Effekt nicht ausschlaggebend zu sein, wobei mäßig intensiver Ausdauersport sicher als günstig eingestuft werden kann. Bei einem Teil der Patienten kann es notwendig sein, auf eine Überforderung zu achten und die körperliche Eignung, beispielsweise für extreme Belastungen (Marathon, Triathlon), im Auge zu behalten. Klinische Studien mit erwachsenen ADHS-Patienten, die diese Zusammenhänge genauer beleuchten, wären in hohem Maße praxisrelevant. Der Nutzen von regelmäßiger sportlicher Aktivität als ergänzendem Behandlungsansatz in multimodalen Behandlungskonzepten kann jedoch als gesichert gelten, sofern Überlastungen und Selbstgefährdungen vermieden werden. Die individuellen körperlichen Voraussetzungen zu sportlicher Aktivität sollten bei geplanter medikamentöser Behandlung unter anderem mittels Belastungs-EKG überprüft werden, insbesondere dann, wenn die Ambitionen des Patienten in den Leistungssport hineinreichen.

Einen Sonderfall, im Sinne einer potenziell riskanten sportlichen Aktivität, stellt nach der Literatur das Tauchen dar. Auch wenn sich eine geringere Aufmerksamkeitsspanne und Impulskontrolle unter einer Behandlung der ADHS erfahrungsgemäß bessern können, stellt das Tauchen wegen dieser Defizite ein nicht unerhebliches Risiko für Unfälle dar. Kinder mit ADHS werden aus diesem Grund als nicht tauchtauglich angesehen [73, 74]. Bei erwachsenen ADHS-Patienten sollte eine gegebenenfalls bestehende mangelnde Selbst- und Gefahrenkontrolle bei der Tauchtauglichkeitsprüfung berücksichtigt werden. Zur Beurteilung der Tauchtauglichkeit sollte daher nach Möglichkeit ein Tauchmediziner hinzugezogen werden.

Auch bei erwachsenen Patienten, die sich einer medikamentösen Behandlung unterziehen, erscheint eine positive Empfehlung zum Tauchsport nicht unbedenklich. Denn bislang existieren keine Erfahrungen, wie mögliche Nebenwirkungen von Methylphenidat unter Überdruck beeinflusst werden. Winkler und Mitarbeiter [75] raten daher auch erwachsenen Patienten mit ADHS vom Tauchen unter Einfluss der medikamentösen Therapie ab.

42   *Welche speziellen Aspekte sollten in der Kommunikation mit ADHS-Patienten beachtet werden?*

Allgemein sind im Umgang mit den Patienten die Regeln zu beachten, die in der modernen Psychiatrie ohnehin üblich sein sollten. Das bedeutet vor allem Ehrlichkeit, Authentizität und ein Ernstnehmen des Patienten. Von ADHS Betroffene reagieren in aller Regel negativ, wenn sie den Eindruck haben, dass ihnen etwas vorgemacht wird oder sie vom Arzt nicht für voll genommen werden. Zudem haben viele Patienten ein hohes Gerechtigkeitsgefühl, das nicht missachtet werden sollte. Sofern dies möglich ist, sollten Patienten aktiv bei Entscheidungen, welche z.B. die Behandlung betreffen, mit entscheiden. Auf der anderen Seite kann in manchen Situationen eine klare Ansage angebracht sein. Beispielsweise können die Symptome der ADHS dazu führen, dass Patienten mit ADHS den Therapeuten ständig unterbrechen, ihm häufig ins Wort fallen und selber in ihrem Redefluss kaum Pausen machen. Der Mitteilungsdrang ist häufig sehr groß und mit einer Weitschweifigkeit verbunden, die es dem Therapeuten schwer macht, den Ausführungen zu folgen. Daher ist es für eine gelungene Gesprächsführung wichtig, den Patienten einerseits genug Raum für seine Anliegen zu bieten, aber andererseits auch durch gezielte Rückmeldung das Gespräch selber zu strukturieren. In der Regel danken es einem die Patienten, wenn man das Vorgehen entsprechend begründet.

43 *Eine ADHS kann unter anderem, bedingt durch die Störung selbst, mit einer nicht optimalen Adhärenz an eine Therapie einhergehen. Was bedeutet der Begriff Adhärenz in diesem Kontext und welche Möglichkeiten bestehen zur Verbesserung?*

Die Umsetzung ärztlicher therapeutischer Empfehlungen durch Patienten wird vielfach mit den Begriffen Compliance und Adhärenz synonym beschrieben. Dabei wird der Begriff der Adhärenz verschiedentlich etwas weiter gefasst: Denn das Adhärenzkonzept setzt nicht primär auf das bloße Befolgen ärztlicher Empfehlungen. Der Patient soll sich hier vielmehr als aktiver Partner einbringen, um auf Basis einer fachlichen Beratung gemeinsam mit dem Arzt realistische Behandlungsziele zu formulieren und diese später während der Therapie eigenverantwortlich umzusetzen. Dabei gehen wirksame Vorgehensweisen zur Förderung von Adhärenz in der Regel von einer guten Steuerung der Kommunikation durch den Arzt aus [76].

Die Wahrscheinlichkeit, mit der Patienten eine Therapie beginnen und konsequent fortsetzen, wird vom Selbstvertrauen in die eigenen Fähigkeiten und der Selbstwirksamkeitserwartung mitbestimmt. Daher ist ein möglicher Ansatz, in der Praxis beide Aspekte zu stärken bzw. positiv zu beeinflussen. Hier wird davon ausgegangen, dass sich die Selbstwirksamkeitserwartung am effektivsten durch eigene Erfahrungen beeinflussen lässt sowie nachrangig durch Modellerfahrungen von dritten Personen, verbalen Überzeugungen oder angenehmen bzw. unangenehmen Körperempfindungen [77]. Bei der Planung einer Therapie erscheint es zudem wichtig, zu unterscheiden, ob ein Patient die Entscheidung beispielsweise für eine Therapie eventuell noch nicht abschließend getroffen hat und zu der Umsetzung von Maßnahmen noch nicht bereit ist, oder ob er an der Umsetzung der Therapie selbst scheitert. Überzeugungen der Patienten, unter anderem auch mögliche negative Einstellungen zur Medikation, können diese stadienabhängigen Entscheidungen beeinflussen und sollten erfragt werden [78].

Zudem ist es ratsam, Patienten im Alltag mit konkreten Handlungsplänen zu unterstützen.

Bezogen auf die ADHS lässt sich sagen, dass eine mangelhafte Adhärenz nicht selten ist [79], wobei das Vergessen der Medikation erfahrungsgemäß eine wichtige Rolle spielt. Bei dieser Form der sogenannten nonintentionalen Nonadhärenz können Retardpräparate, gegebenenfalls in Verbindung mit anderen Erinnerungshilfen, eine Einnahme der Medikation und damit das Erreichen therapeutischer Wirkstoffspiegel unterstützen. Wie die klinische Erfahrung zeigt, sind ADHS-Patienten für Prozesse zur partizipativen Entscheidungsfindung offen und setzen vereinbarte Schritte zum Erreichen der Behandlungsziele insgesamt zuverlässig um.

Referenzen

1 Ebert D, Krause J, Roth-Sackenheim C. ADHS im Erwachsenenalter – Leitlinien auf der Basis eines Expertenkonsensus mit Unterstützung der DGPPN. Der Nervenarzt 2003; 10: 939–946

2 Krause J, Krause KH. ADHS im Erwachsenenalter. Die Aufmerksamkeitsdefizit-/Hyperaktivitätsstörung bei Erwachsenen. 3. Aufl. Stuttgart: Schattauer; 2009: 256

3 Krause J, Krause KH. ADHS im Erwachsenenalter. 3. vollständig aktualisierte und erweiterte Aufl. Stuttgart: Schattauer; 2009: 175

4 Wender PH. Pharmacotherapy of attention-deficit/hyperactivity disorder in adults. J Clin Psychiatry 1998; 59(Suppl 7): 76–79

5 Adam C et al. Pharmakotherapie hyperkinetischer Störungen im Erwachsenenalter. Fortschr Neurol Psychiatr 1999; 67(8): 359–366

6 Wilens TE et al. Pharmacotherapy of adult attention deficit/hyperactivity disorder: a review. J Clin Psychopharmacol 1995; 15(4): 270–279

7 Rösler M et al. A randomised, placebo-controlled, 24-week, study of low-dose extended-release methylphenidate in adults with attention-deficit/hyperactivity disorder. Eur Arch Psychiatry Clin Neurosci 2009; 259(2): 120–129

8 Rösler M et al. Twenty-four-week treatment with extended release methylphenidate improves emotional symptoms in adult ADHD. World J Biol Psychiatry 2010; 11(5): 709–718

9 Retz W et al. Multiscale assessment of treatment efficacy in adults with ADHD: A randomized placebo-controlled, multi-centre study with extended-release methylphenidate. World J Biol Psychiatry 2012; 13(1): 48–59

10 Krause J, Krause KH. ADHS im Erwachsenenalter. Die Aufmerksamkeitsdefizit-/Hyperaktivitätsstörung bei Erwachsenen. 3. Aufl. Stuttgart: Schattauer; 2009: 182

11 Gerlach M. Pharmakologie von Methylphenidat. In: Schulte-Markwort M, Warnke A. Methylphenidat. Stuttgart: Thieme; 2004

12 Krause KH et al. Increased striatal dopamine transporter in adult patients with attention deficit hyperactivity disorder: Effects of methylphenidate as measured by single photon emission computed tomography. Neurosci Lett 2000; 285(2): 107–110

13 Berridge CW, Devilbiss DM, et al. Methylphenidate preferentially increases catecholamine neurotransmission within the prefrontal cortex at low doses that enhance cognitive function. Biol Psychiatry 2006; 60(10): 1111–1120

14 Devilbiss DM, Berridge CW. Low-dose methylphenidate actions on tonic and phasic locus coeruleus discharge. J Pharmacol Exp Ther 2006; 319(3): 1327–1335

15 Retz W et al. Multiscale assessment of treatment efficacy in adults with ADHD: A randomized placebo-controlled, multi-centre study with extended-release methylphenidate. World J Biol Psychiatry 2012; 13(1): 48–59

16 Krause J, Krause KH. ADHS im Erwachsenenalter. Die Aufmerksamkeitsdefizit-/Hyperaktivitätsstörung bei Erwachsenen. 3. Aufl. Stuttgart: Schattauer; 2009: 183 ff., 202

17 Banaschewski T et al. Long-acting medications for the hyperkinetic disorders. A systematic review and European treatment guideline. Eur Child Adolesc Psychiatry 2006; 15(8): 476–495

18 Fachinformation Medikinet adult. Stand der Information: April 2011

19 Rösler M et al. Twenty-four-week treatment with extended release methylphenidate improves emotional symptoms in adult ADHD. World J Biol Psychiatry 2010; 11(5): 709–718

20 Retz W et al. Multiscale assessment of treatment efficacy in adults with ADHD: A randomized placebo-controlled, multi-centre study with extended-release methylphenidate. World J Biol Psychiatry 2012; 13(1): 48–59

21 Krause J, Krause KH. ADHS im Erwachsenenalter. Die Aufmerksamkeitsdefizit-/Hyperaktivitätsstörung bei Erwachsenen. 3. Aufl. Stuttgart: Schattauer; 2009: 198

22 Paterson R et al. A randomised, double-blind, placebo-controlled trial of dexamphetamine in adults with attention deficit hyperactivity disorder. Aust N Z J Psychiatry 1999; 33: 494–502

23 Weiss M, Hechtman L. The Adult ADHD Research Group. A randomized double-blind trial of paroxetine and/or dextroamphetamine and problem-focused therapy für attention-deficit/hyperactivity disorder in adults. J Clin Psychiatry 2006; 67(4): 611–619

24 Horrigan JP, Barnhill LJ. Low dose amphetamine salts and adult attention-deficit/hyperactivity disorder. J Clin Psychiatry 2000; 61(6): 414–417

25 Spencer T et al. Efficacy of a mixed amphetamine salts compound in adults with attention deficit/hyperactivity disorder. Arch Gen Psychiatry 2001; 58(8): 775–782

26 Krause J, Krause KH. ADHS im Erwachsenenalter. Die Aufmerksamkeitsdefizit-/Hyperaktivitätsstörung bei Erwachsenen. 3. Aufl. Stuttgart: Schattauer; 2009: 199–200

27 Taylor FB, Russo J. Efficacy of modafinil compared to dextroamphetamine for the treatment of attention-deficit/hyperactivity disorder in adults. J Child Adolesc Psychopharmacol 2000; 10(4): 311–320

28 Cephalon, unveröffentlichte Daten

29 Faraone SV, Buitelaar J. Comparing the efficacy of stimulants for ADHD in children and adolescents using meta-analysis. Eur Child Adolesc Psychiatry. 2010; 19(4): 353–364

30 Spencer T et al. Effectiveness and tolerability of tomoxetine in adults with attention deficit hyperactivity disorder. Am J Psychiatry 1998; 155(5): 693–695

31 Michelson D et al. Atomoxetine in adults with ADHD: Two randomized, placebo-controlled studies. Biol Psychiatry 2003; 53(2): 112–120

32 Wender PH, Reimherr FW. Bupropion treatment of attention deficit hyperactivity disorder in adults. Am J Psychiatry 1990; 147(8): 1018–1020

33 Wilens TE et al. A controlled clinical trial of bupropion for attention deficit hyperactivity disorder in adults. Am J Psychiatry 2001; 158(2): 282–288

34 Wilens TE et al. Bupropion XL in adults with attention deficit/hyperactivity disorder. Biol Psychiatry 2005; 57(7): 793–801

35 Bundesärztekammer. Fragen-Antworten-Katalog/Stellungnahme zur Aufmerksamkeits-defizit-/Hyperaktivitätsstörung (ADHS). In Internet: www.bundesaerztekammer.de/page.asp?his=0.7.47.3161.3162#7; Stand: 26.08.2005; Zugriff: 25.06.2012

36 Richardson AJ, Montgomery P. The Oxford-Durham-Study: A Randomized, Controlled Trial of Dietary Supplementation With Fatty Acids in Children With Developmental Coordination Disorder. Pediatrics 2005; 115: 1360–1366

37 Freeman MP Hibbeln JR, Wisner KL, Davis JM et al. Omega-3 fatty acids: evidence basis for treatment and future research in psychiatry. J Clin Psychiatry 2006; 67(12): 1954–1967

38 Bundesinstitut für Arzneimittel und Medizinprodukte. 04/02 BfArM und BgVV warnen: Nahrungsergänzungsmittel aus AFA-Algen können keine medizinische Therapie ersetzen. Im Internet: www.bfarm.de/DE/BfArM/Presse/mitteil_alt/pm04-2002.html; erstellt 21.03.2002; Zugriff: 24.06.2012

39 Arns, M, de Ridder S, Strehl U, Breteler M, Coenen A. Efficacy of Neurofeedback Treatment in ADHD: The effects on Inattention, Impulsivity and Hyperactivity: a Meta-Analysis. EEG and Clinical Neuroscience; 40(3), 180–189

40 Retz W et al. Retz W et al. Multiscale assessment of treatment efficacy in adults with ADHD: A randomized placebo-controlled, multi-centre study with extended-release methylphenidate. World J Biol Psychiatry 2012; 13(1): 48–59

41 Resch F, Rothenberger A. Editorial in der Zeitschrift für Kinder- und Jugendpsychiatrie und Psychotherapie 2002; 30(3): 159–161

42 Vitiello B. Long-term effects of stimulant medications on the brain: possible relevance to the treatment of attention deficit hyperactivity disorder. J Child Adolesc Psychopharmacol 2001; 11(1): 25–34

43 Gillberg C et al. Long-term stimulant treatment of children with attention-deficit hyperactivity disorder symptoms. A randomized, double-blind, placebo-controlled trial. Arch Gen Psychiatry 1997; 54(9): 857–864

44 Walitza S et al. Association of Parkinson's disease with symptoms of attention deficit hyperactivity disorder in childhood. J Neural Transm Suppl 2007; 72: 311–315

45 Biederman J et al. Pharmacotherapy of attention-deficit/hyperactivity disorder reduces risk for substance use disorder. Pediatrics 1999; 104(2): e20

46 Biederman J et al. Stimulant therapy and risk for subsequent substance use disorders in male adults with ADHD: a naturalistic controlled 10-year follow-up study. Am J Psychiatry 2008; 165(5): 597–603

47 Faraone SV, Wilens T. Does stimulant treatment lead to substance use disorders? J Clin Psychiatry 2003; 64 Suppl 11: 9–13

48 Huss M et al. No increase in long-term risk for nicotine use disorders after treatment with methylphenidate in children with attention-deficit/hyperactivity disorder (ADHD): evidence from a non-randomised retrospective study. J Neural Transm 2008; 115(2): 335–339

49 Banaschewski T, Rothenberger A. Pharmakotherapie mit Stimulanzien bei Kindern und Jugendlichen. In: Steinhausen HC, Rothenberger A, Döpfner M, Hrsg. Handbuch ADHS. Stuttgart: W. Kohlhammer; 2010: 297

50 Wilens TE. Attention-deficit/hyperactivity disorder and the substance use disorders: the nature of the relationship, subtypes at risk, and treatment issues. Psychiatr Clin North Am 2004; 27(2): 283–301

51 Gavin F, Kleber H. Pharmacologic treatments of cocaine abuse. Psychiatr Clin North Am 1986; 9(3): 573–583

52 Schubiner H. The dual diagnosis of attention-deficit/hyperactivity disorder and substance abuse: Case reports and literature review. J Clin Psychiatry 1995; 56(4): 146–150

53 Levin FR et al. Methylphenidate treatment for cocaine abuser and adult attention-deficit/ hyperactivity disorder: a pilot study. J Clin Psychiatry 1998; 59(6): 300–305

54 Schubiner H et al. Double-blind placebo-controlled trial of methylphenidate in the treatment of adult ADHD patients with co-morbid cocaine dependence. Exp Clin Psychopharmacol 2002; 10(3): 286–294

55 McCabe SE et al. Medical use, illicit use and diversion of prescription stimulant medication. J Psychoactive Drugs 2006; 38(1): 43–56

56 Banaschewski T et al. Long acting medications for the hyperkinetic disorders. A systematic review and European treatment guideline. Eur Child Adolesc Psychiatry 2006; 15(8): 476–495

57 Fachinformation Medikinet® adult. Stand der Information: April 2011

58 D'Amelio R, Retz W, Philipsen A, Rösler M, Hrsg. Psychoedukation und Coaching, ADHS im Erwachsenenalter. Manual zur Leitung von Patienten- und Angehörigengruppen. München: Urban & Fischer/Elsevier; 2008

59 Biederman J et al. A Simulated Workplace Experience for Non-medicated Adults With and Without ADHD. Psychiatr Serv 2005; 56(12): 1617–1620

60 Wilens TE, Dodson W. A clinical perspective of attention-deficit/hyperactivity disorder into adulthood. J Clin Psychiatry 2004; 65(10): 1301–1313

61 Rösler M et al. Attention deficit/hyperactivity disorder in female offenders: prevalence, psychiatric co-morbidity and psychosocial implications. Eur Arch Psychiatry Clin Neurosci 2009; 259(2): 98–105

62 Bramham J et al. Evaluation of group cognitive behavioural therapy for adults with ADHD. J Atten Disord 2009; 12(5): 434–441

63 Safren SA, Sprich S, Perlmann CA, Otto MW. Mastering your adult ADHD: A cognitive behavioural Treatment Program. Oxford, New York: Oxford University Press; 2005

64 Safren SA, Perlman CA, Sprich S, Otto MW. Kognitive Verhaltenstherapie der ADHS des Erwachsenenalters. Deutsche Bearbeitung von Sobanski E, Schuhmacher-Stien M und Alm B. Berlin: MWW Medizinisch Wissenschaftliche Verlagsgesellschaft; 2008

65 Safren SA et al. Cognitive-behavioural therapy for ADHD in medication-treated adults with continued symptoms. Behav Res Ther 2005; 43(7): 831–842

66 Safren SA et al. Cognitive behavioral therapy vs relaxation with educational support for medication-treated adults with ADHD and persistent symptoms: a randomized controlled trial. JAMA 2010; 304(8): 875–880

67 Heßlinger B et al. Zur Psychotherapie der Aufmerksamkeitsdefizit-/Hyperaktivitätsstörung (ADHS) bei Erwachsenen. Verhaltenstherapie 2003a; 13: 276–282

68 Philipsen A et al. Evaluation of the efficacy and effectiveness of a structured disorder tailored psychotherapy in ADHD in adults: study protocol of a randomized controlled multicentre trial. Atten Defic Hyperact Disord 2010; 2(4): 203–312

69 Chang YK et al. Effect of acute exercise on executive function in children with attention deficit hyperactivity disorder. Arch Clin Neuropsychol 2012; 27(2): 225–237

70 Gapin J, Etnier JL. The relationship between physical activity and executive function performance in children with attention-deficit hyperactivity disorder. J Sport Exerc Psychol 2010; 32(6): 753–763

71 Hill LJ et al. How does exercise benefit performance on cognitive tests in primary-school pupils? Dev Med Child Neurol 2011; 53(7): 630–635.

72 Binder E et al. Regular voluntary exercise reduces anxiety-related behaviour and impulsiveness in mice. Behavioural Brain Research 2004; 155(2): 197–206

73 Archer T, Kostrzewa RM. Physical Exercise Alleviates ADHD Symptoms: Regional Deficits and Development Trajectory. Neurotox Res 2012; 21: 195–209

74 Muth CM et al. Tauchen mit Kindern – aus tauchmedizinischer Sicht. Sonderpublikation DiveInside – Taucher.net; 2007: 1–4. Im Internet: http://www.diveinside.de/docs/15/kindertauchen.pdf; Stand: 27.09.2012

75 Winkler B et al. Unfälle und Zwischenfälle bei Kindertauchveranstaltungen. Dtsch Z Sportmed 2011; 62(2): 42–46. Im Internet: http://www.aerztekammer-bw.de/10aerzte/20fortbildung/20praxis/47sportmedizin/1102.pdf; Stand: 27.09.2012

76 Seehausen M, Hänel P. Adhärenz im Praxisalltag effektiv fördern. Dtsch Ärztebl 2011; 108 (43): A2276–A2280

77 Bandura A. Self-efficacy: Toward a unifying theory of behavioural change. Psychol Rev 1977; 84(2): 191–215

78 Seehausen M, Hänel P. Adhärenz im Praxisalltag effektiv fördern. Dtsch Ärztebl 2011; 108 (43): A2276–A2280

79 Perwien et al. Stimulant Treatment Patterns and Compliance in Children and Adults With Newly Treated Attention-Deficit/Hyperactivity Disorder. J Manag Care Pharm 2004; 10 (2): 122–129

Spezielle Aspekte

 44 *In welchen Lebensbereichen benötigen ADHS-Patienten häufig Beratung und Unterstützung?*

Vielen von ADHS betroffenen Patienten fällt es aufgrund einer wechselnden Leistungsfähigkeit schwer, im schulischen, universitären oder beruflichen Umfeld konstant die geforderten Leistungen zu erbringen. In der Konsequenz kommt es zu einem gehäuften Abbruch des Schulbesuchs oder einer Ausbildung. Nach Krause und Krause sind ein mangelndes Zeitgefühl, verbunden mit einer oft ungenügenden Fähigkeit, organisatorische Arbeitsabläufe zu schaffen, für die Betroffenen im beruflichen Umfeld häufig die Hauptprobleme [1]. Des Weiteren besteht die Schwierigkeit, Berufe mit monotonen Tätigkeitsmerkmalen auszuüben. Daher sollte bei Jugendlichen und jungen Erwachsenen eine eingehende Berufsberatung als Bestandteil des multimodalen Behandlungskonzepts angeboten werden. Mit Blick auf das Aufrechterhalten der Konzentration sind vor allem solche Berufe geeignet, bei denen beispielsweise durch wechselnde Tätigkeiten kontinuierlich neue Reize gesetzt werden. Ein begleitendes Coaching, beispielsweise im Rahmen einer Rehabilitation, kann sehr wertvoll sein, um die Frustrationstoleranz des Patienten zu erhöhen und dessen Motivation für die Entwicklung und Fertigstellung von Arbeitsabläufen zu stärken.

Mit dem Patienten sollte zudem besprochen werden, in welchem Umfang er seine Diagnose im sozialen Umfeld und beim Arbeitgeber bekannt machen möchte. Dies kann in verschiedenen Berufsgruppen durchaus mit Nachteilen verbunden sein, wenn der Arbeitgeber die Leistungsfähigkeit des Patienten zur Ausübung des Berufs anzweifelt, z.B. bei Zugführern, Lkw- und Busfahrern, oder potenziell Sicherheitsbedenken bestehen, wie bei Angestellten in Berufen, die das Tragen von Waffen erfordern. Verschiedentlich wurde bei juristischen Auseinandersetzungen tendenziell zuungunsten der Patienten entschieden. Für erwachsene berufstätige ADHS-Patienten ist außerdem relevant, dass vonseiten der Versicherungsträger zum Teil Vorbehalte zum Abschluss einer Versicherung bestehen. Dieses Problem betrifft insbesondere den Abschluss einer Berufsunfähigkeitsversicherung.

Insgesamt erscheint es auch unter diesem Aspekt wünschenswert, dass bei der Darstellung von ADHS in der Öffentlichkeit nicht allein die existierenden Komplikationsmöglichkeiten in den Vordergrund gestellt werden. Möglicherweise vorhandene Funktionseinschränkungen oder Risiken sollten nicht bagatellisiert, sondern sachlich benannt und angemessen dargestellt werden. Es sollte insbesondere auch deutlich gemacht werden, dass eine erfolgreiche Therapie die Arbeitsfähigkeit der Betroffenen unterstützt und in Verbindung mit einer stärkeren Strukturierung des Arbeitsplatzes eine insgesamt auch volkswirtschaftlich lohnende Investition darstellt.

45 Was ist bei der Verordnung von MPH formal zu beachten?

Eine Verordnung von MPH sollte im Rahmen der Zulassung erfolgen, sodass unter anderem Kontraindikationen zu beachten sind. Daher sollte der Verordner die Fachinformation kennen und beachten. Zudem sind die Vorgaben der Betäubungsmittel-Verschreibungsverordnung (BtMVV) zu berücksichtigen [2]. Die Verordnung im ambulanten Bereich erfordert die Ausstellung eines BtM-Rezepts, das von jedem approbierten Arzt unkompliziert bei der Bundesopiumstelle des BfArM angefordert werden kann. Der Erstbezug erfolgt über ein Formular, welches von der Website des BfArM geladen, über Telefax bezogen oder postalisch bzw. telefonisch angefordert werden kann [3]. Der Erstanforderungsantrag ist vollständig auszufüllen und mit einer amtlich beglaubigten Kopie der Approbationsurkunde oder der beglaubigten Kopie der Erlaubnis zur Berufsausübung (Beglaubigungsdatum nicht älter als 3 Monate) an die Bundesopiumstelle zu senden. Die Bundesopiumstelle teilt daraufhin dem Antragsteller eine BtM-Nummer zur Registrierung zu. Der zur Verordnung berechtigte Arzt erhält die benötigten BtM-Rezepte gemeinsam mit einer Folge-Anforderungskarte für künftige Anforderungen stets unter der personengebundenen BtM-Nummer. Zur Nachbestellung ist auf den Folgeanforderungen die Stückzahl der benötigten Rezepte anzugeben und die Bestellung eigenhändig zu unterschreiben.

BtM-Rezepte werden personenbezogen (arztbezogen) ausgegeben und sind nur in diesem Kontext zu verwenden. Es kann jedoch beispielsweise bei urlaubs- oder krankheitsbedingten Vertretungen eine Übertragung erfolgen. Eine Folgeanforderung von BtM-Rezepten ist in diesem Fall allerdings nicht möglich, weshalb daran gedacht werden sollte, die Rezepte in ausreichender Menge zur Verfügung zu stellen. Eine Meldung der Vertretung an die Bundesopiumstelle ist nicht erforderlich. Verschreibungen müssen allerdings dann den Vermerk „in Vertretung" enthalten.

Die Rezepte werden bei ambulanter Behandlung patientenbezogen ausgestellt und sind in einer öffentlichen Apotheke einzulösen. Die Höchstverordnungsmenge für MPH beträgt in 30 Tagen 2400 mg. Falls im Einzelfall notwendig, kann eine höhere Menge verordnet werden, wenn auf dem Rezept die Kennzeichnung „A" (Ausnahmeverschreibung) erfolgt. Im Ausnahmefall kann auch die Verschreibung auf einem normalen Rezeptformular als Notfallverschreibung vorgenommen wer-

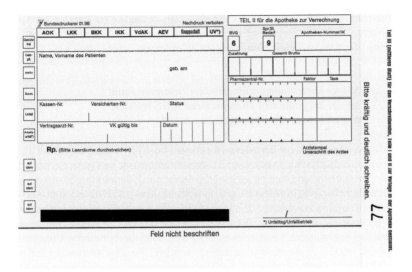

Abb. 12   Notwendige Angaben auf dem BtM-Rezept.

den. In diesen Fällen ist die Kennzeichnung mit dem Buchstaben „N" anzubringen. Ein gültiges, mit dem Buchstaben „N" gekennzeichnetes BtM-Rezept ist anschließend der Apotheke nachzureichen [4].

BtM-Anforderungsscheine können auch für den stationären Bedarf ausgestellt und in einer krankenhauseigenen oder -versorgenden Apotheke eingelöst werden. Sie können ausschließlich von ärztlichem Leitungspersonal angefordert werden. Die krankenhausinterne Weitergabe an Leiter von Teileinheiten ist zu dokumentieren.

46 Was ist bei der Aufbewahrung von BtM-Rezepten zu beachten?

Für BtM-Rezepte gilt die Besonderheit, dass sie vom Arzt diebstahlsicher verwahrt und damit vor Missbrauch geschützt werden müssen. Ein Verlust von Rezepten ist umgehend schriftlich an die Bundesopiumstelle zu melden, wobei die Rezeptnummern der entwendeten Rezepte anzugeben sind [5]. Nicht meldepflichtig ist der Verlust eines Rezepts durch den Patienten. Hier kann der behandelnde Arzt eigenverantwortlich ein neues Rezept ausstellen. Der Verlust des zuerst ausgestellten Rezepts ist auf dem Teil III der Verschreibung zu vermerken. Weitere Informationen in Form von Fragen und Antworten zur Betäubungsmittel-Verschreibungs-verordnung sind als Download auf der Homepage des BfArM erhältlich: http://www.bfarm.de/DE/Bundesopiumstelle/BtM/faq/faqbtm_node.html.

 47 *Welche Abrechnungsziffern sind im Zusammenhang mit der Diagnose und Therapie einer ADHS relevant? Was ist bei der Abrechnung zu beachten?*

Erfahrungsgemäß ist die Betreuung von erwachsenen ADHS-Patienten in der all-gemeinpsychiatrischen Praxis vergleichsweise zeitintensiv. Hier kann es sinnvoll sein, biografische und damit diagnostische Aspekte im Rahmen einer beantragten Verhaltenstherapie (Kurzzeittherapie, Einzelbehandlung, 35220) in 5 probatori-schen Sitzungen zu vertiefen. Die Diagnostik kann eventuell in Kooperation mit Ergotherapiepraxen erfolgen. Sitzungen zur empfohlenen Psychoedukation kön-nen bei vorhandener Genehmigung über verhaltenstherapeutische Gruppen-ziffern (35222-5) ebenfalls abgerechnet werden. Die Psychoedukationsziffer (21221) geht dabei jedoch in das Regelleistungsvolumen ein und kann damit in Psychiatriepraxen betriebswirtschaftlich nicht angesetzt werden. Je nach KV-Be-zirk beträgt die anzusetzende Gesamtsumme pro Quartal und Patient 42–82 Euro. Verbesserte Möglichkeiten werden für den Erwachsenenbereich von der Ausge-staltung eines (geplanten) Vertrags erhofft, der eine Vergütung von Diagnostik und Psychoedukation über das Regelleistungsvolumen hinaus ermöglichen soll. Für die Versorgung von Kindern und Jugendlichen existiert bereits eine analoge Vereinbarung.

Positiv kann angemerkt werden, dass sich eine Zeitinvestition bei der Diagnos-tik, Psychoedukation und einer eventuellen Therapieeinstellung erfahrungsge-mäß auszahlt, wenn der Patient in einer Praxis für längere Zeit in Behandlung bleibt. ADHS-Patienten erweisen sich vielfach als sehr dankbare und motivierte Patienten, die Behandlungsangebote gerne annehmen und engagiert umsetzen. Im Verlauf kann bei einer sorgfältig eingestellten ADHS infolge der Stabilität der Ergebnisse vielfach mit einem deutlich reduzierten Aufwand gerechnet werden.

48 *Was bedeutet die Diagnose ADHS für die Verkehrstauglichkeit der Patienten, beispielsweise für das Autofahren?*

Bei ADHS führen die störungsbedingten Aufmerksamkeitsdefizite und die Impul-sivität potenziell zu einer verminderten Fahreignung. Die verkehrsrelevanten Leistungsfunktionen, insbesondere die Aufmerksamkeit, lassen sich jedoch nach Studienbefunden deutlich verbessern, wie Tests im Fahrsimulator [6] und unter den Bedingungen des Straßenverkehrs [7] zeigten. Nach Angaben der Bundesärztekammer sollte daher „bei entsprechender ärztlicher Begleitung und dem Mitführen einer entsprechenden ärztlichen Bescheinigung kein Hindernis bei dem Erwerb des Führerscheins und beim Führen eines Kraftfahrzeuges bestehen" [8].

Vonseiten des Arztes sollte jedoch in jedem Fall eine Information und Beratung erfolgen, dass sowohl die Störung als auch die Einnahme von MPH mäßigen Einfluss auf die Verkehrstüchtigkeit und die Fähigkeit zum Bedienen von Maschinen haben kann, beispielsweise infolge von Schwindel, Schläfrigkeit oder Akkommodationsschwierigkeiten. Für ADHS-Patienten gilt, wie für andere Verkehrsteilnehmer, die grundsätzliche Regel, dass sich jeder vor der Teilnahme am Straßenverkehr seiner momentanen Fähigkeit, beispielsweise zum Autofahren, versichern muss. Die erfolgte Beratung sollte der Patient mit seiner Unterschrift bestätigen. Erforderlichenfalls kann die Verkehrsprognose anhand einer medizinisch-psychologischen Eignungsuntersuchung erfolgen. Auch ein vom TÜV angebotener Test kann zur Beurteilung hinzugezogen werden (CORPORAL A-Test); hierfür entstehen jedoch Kosten von ca. 60 Euro.

Bei Empfehlungen an Patienten ist außerdem zu berücksichtigen, dass sich die Bestimmungen und die eingesetzten Screening-Tests auf die Einnahme amphetaminartiger Substanzen von Bundesland zu Bundesland unterscheiden können. Einige der eingesetzten amphetaminspezifischen Immunoassays sprechen auch positiv auf MPH an. In Abhängigkeit von den regionalen Bestimmungen und Erfahrungen kann es für Patienten sinnvoll sein, eine Bescheinigung über die Medikation mitzuführen, beispielsweise in Form eines aktuellen Rezepts in Verbindung mit dem Beipackzettel des Medikaments. Damit kann der Patient nachweisen, dass er MPH im Rahmen einer Therapie für einen konkreten Krankheitsfall einnimmt. In diesem Fall ist nach § 24a STVG eine Ausnahmeregel für die Einnahme des Arzneimittels gegeben.

Im Alltag (etwa bei Kontrollen) sind Patienten nicht verpflichtet, von sich aus auf die Einnahme einer Medikation zu verweisen. Bei positiver Blutprobe muss der Fahrer jedoch mit detaillierten Nachfragen rechnen. Berichten zufolge kann durch das Vorweisen einer Rezeptkopie oder eines Attests zum Teil ein (vorläufiger) Entzug des Führerscheins vermieden werden. Problematisch ist hier, dass das Vorgehen im Einzelnen länderspezifisch gehandhabt wird und nicht einheitlich geregelt ist. Etwaige Unfallfolgen werden im Einzelfall juristisch beurteilt.

Zum Nachweis der medizinischen Anwendung könnte aus praktischen Gründen die (bundesweite) Verfügbarkeit von Dokumenten hilfreich sein, wie sie z. B. in Form des Opioid-Ausweises für Schmerzpatienten in ähnlicher Form bereits existieren [9]. Ein solcher Ausweis, der primär die rechtmäßige Einnahme von verkehrs- und verschreibungsfähigen Betäubungsmitteln bescheinigt, könnte darüber hinaus als Zusatznutzen möglicherweise auch die Adhärenz der Patienten unterstützen.

49 Was sollten Patienten beachten, die MPH einnehmen und einen Auslandsaufenthalt planen?

Nach den Bestimmungen der Betäubungsmittel-Verschreibungsverordnung (BtMVV) darf ein Patient die ärztlich verordneten Betäubungsmittel bei Auslandsaufenthalten in der für die Dauer der Reise angemessenen Menge als Reisebedarf aus- oder einführen. Die Mitnahme von Betäubungsmitteln darf jedoch ausschließlich für den eigenen Bedarf erfolgen (vgl. § 4 Abs. 1 Nr. 4 b Betäubungsmittelgesetz [BtMG] in Verbindung mit § 15 Abs. 1 Betäubungsmittel-Außenhandelsverordnung [BtMAHV]).

Die nachstehenden Regelungen sind zu beachten:

Bei Reisen von bis zu 30 Tagen in Mitgliedstaaten des Schengener Abkommens (zurzeit Belgien, Dänemark, Deutschland, Estland, Finnland, Frankreich, Griechenland, Island, Italien, Lettland, Liechtenstein, Litauen, Luxemburg, Malta, Niederlande, Norwegen, Österreich, Polen, Portugal, Rumänien, Schweden, Schweiz, Slowakei, Slowenien, Spanien, Tschechien und Ungarn) kann die Mitnahme von ärztlich verschriebenen Betäubungsmitteln erfolgen, sofern eine vom behandelnden Arzt ausgefüllte Bescheinigung nach Artikel 75 des Schengener Durchführungsübereinkommens mitgeführt wird. Diese Bescheinigung ist vor Antritt der Reise durch die oberste Landesgesundheitsbehörde oder eine von ihr beauftragte Stelle auf Grundlage der ärztlichen Verschreibung zu beglaubigen [10]. Die Bescheinigung ist 30 Tage gültig; für jedes verschriebene Betäubungsmittel ist eine gesonderte Bescheinigung erforderlich.

Um Betäubungsmittel auch in andere als die Länder des Schengener Abkommens mitnehmen zu können, rät die Bundesopiumstelle den Patienten, sich am Leitfaden für Reisende des Internationalen Suchtstoffkontrollamts (INCB) zu orientieren [11]. Dort wird empfohlen, dass der Patient sich vom verschreibenden Arzt eine mehrsprachige Bescheinigung ausstellen lassen soll, in der Angaben zu Einzel- und Tagesdosierungen, Wirkstoffbezeichnung und Dauer der Reise enthalten sind. Die Bescheinigung ist durch die zuständige oberste Landesgesundheitsbehörde oder eine von ihr beauftragte Stelle zu beglaubigen und bei der Reise mitzuführen. Ein Muster für eine solche Bescheinigung wird auf der Internetseite des BfArM angeboten [12]. Der Leitfaden sieht ebenfalls eine Mitnahme von Betäubungsmitteln für eine Reisedauer von maximal 30 Tagen vor. Die nationalen Bestimmungen des jeweiligen Ziel- oder Transitlandes müssen zusätzlich berücksichtigt werden, sodass Patienten dringend empfohlen wird, die Rechtslage im Reiseland vor Antritt der Reise abzuklären. Zu besonderen Bestimmungen, wie Importgenehmigungen oder generellen Einfuhrverboten, erteilt die jeweilige diplomatische Vertretung des Ziellands in Deutschland Auskunft. Kontaktadressen sind über das Auswärtige Amt erhältlich [13].

Sofern eine Mitnahme von Betäubungsmitteln nicht möglich ist, sollte geklärt werden, ob die benötigten Betäubungsmittel selbst (bzw. ein äquivalentes Produkt) im Reiseland verfügbar sind und durch einen dort ansässigen Arzt verschrieben werden können.

50 Was ist bei der Einnahme von MPH im Leistungssport zu beachten?

Die Einnahme von MPH und sportliche/leistungssportliche Aktivität schließen sich nicht aus. Im Zusammenhang mit der Behandlung sind jedoch 2 wesentliche Aspekte zu beachten. So sollte mit Einleitung einer Therapie auch der Grad der körperlichen Belastbarkeit im Rahmen einer sportmedizinischen Untersuchung abgeklärt werden. Diese Untersuchung beinhaltet ein Belastungs-EKG nach Einnahme der therapeutisch notwendigen Dosis Methylphenidat. Ergeben sich hier sowie im Rahmen der körperlichen Untersuchung normale Befunde, bestehen keine Bedenken gegen eine sportliche Betätigung, wenn diese dem Alter und dem Leistungsvermögen angepasst wird. Im Gegenteil kann dies Patienten wegen der positiven Auswirkungen von sportlicher Aktivität auf die Symptome der Störung sogar sehr empfohlen werden.

Patienten, die Wettkampf- bzw. Leistungssport betreiben, sollten beachten, dass die Einnahme von MPH nach den Dopingregeln des Internationalen Olympischen Komitees (IOC), der Welt-Anti-Doping-Agentur (WADA) sowie der nationalen und internationalen Sportfachverbände für den Wettkampf untersagt ist. Es besteht bei indizierter Einnahme der Substanz im Rahmen einer Therapie jedoch die Möglichkeit, bei der Nationalen Anti-Doping-Agentur (NADA) eine Ausnahmegenehmigung für die Einnahme zu beantragen [14]. Die therapeutische Anwendung von MPH während der Trainingszeiten, außerhalb von Wettkämpfen, ist nicht verboten. Dies bedeutet, dass unter Berücksichtigung der Wettkampftage die Einnahme der Substanz gegebenenfalls ausgesetzt werden muss. Dabei wurde für ein Verfahren zum Nachweis von MPH im Urin (als Ritalinsäure) gezeigt, dass 72 Stunden nach Einnahme der letzten therapeutischen MPH-Dosis die Konzentration unterhalb der von der WADA angegebenen Höchstgrenze lag [15]. Amphetaminspezifische (nicht wirksame) Metaboliten können im Urin jedoch 7–14 Tage nach dem Absetzen nachweisbar sein [16]. Bei Leistungssportlern mit ADHS ist daher im Einzelfall abzuwägen, ob die Teilnahme an Wettkämpfen und eine daraus resultierende Einschränkung der erforderlichen medikamentösen Therapie angesichts der möglichen Nachteile einer unbehandelten ADHS verantwortet werden können.

Referenzen

1 Krause J, Krause KH. ADHS im Erwachsenenalter. Die Aufmerksamkeitsdefizit-/Hyperaktivitätsstörung bei Erwachsenen. 3. Aufl. Stuttgart: Schattauer; 2009: 250–251

2 Die BtMVV und ihre Änderungen werden jeweils im Bundesgesetzblatt veröffentlicht. Die Gesetzblätter sind einsehbar unter www.bfarm.de im Abschnitt „Betäubungsmittel". Im Internet: http://www.bfarm.de/DE/Bundesopiumstelle/BtM/rechtsgrund/rechtsgrund-node.html; Zugriff: 24.07.2012

3 Bundesinstitut für Arzneimittel und Medizinprodukte. Im Internet: www.bfarm.de im Abschnitt „Betäubungsmittel" unter „Formulare". Alternativ erfolgt die Anforderung über die Abruffunktion des Faxgeräts (Telefax-Polling: Fax-Nr.: 0228/207-4455) sowie schriftlich oder telefonisch bei der Bundesopiumstelle (Anschrift: 53175 Bonn; Kurt-Georg-Kiesinger-Allee 3. Telefon-Hotline täglich von 9:00–12:00 Uhr unter 0228-207-4321)

4 Bundesinstitut für Arzneimittel und Medizinprodukte. FAQ zur Betäubungsmittel-Verschreibungsverordnung (BtMVV) und zum Betäubungsmittelgesetz (BtMG) für Ärzte, Apotheker und Fachkräfte. Im Internet: http://www.bfarm.de/DE/Bundesopiumstelle/BtM/faq/faqbtm_node.html; Zugriff: 24.07.2012

5 Bundesinstitut für Arzneimittel und Medizinprodukte. FAQ zur Betäubungsmittel-Verschreibungsverordnung (BtMVV) und zum Betäubungsmittelgesetz (BtMG) für Ärzte, Apotheker und Fachkräfte. Im Internet: http://www.bfarm.de/DE/Bundesopiumstelle/BtM/faq/faqbtm_node.html; Zugriff: 29.08.2012

6 Cox DJ et al. Effect of stimulant medication on driving performance of young adults with attention-deficit hyperactivity disorder: A preliminary double-blind placebo controlled trial. J Nerv Ment Dis 2000; 188(4): 230–234

7 Cox DJ et al. Controlled-release methylphenidate improves attention during on-road driving by adolescents with attention-deficit/hyperactivity disorder. J Am Board Fam Pract 2004; 17(4): 235–239

8 Bundesärztekammer: Fragen-Antworten-Katalog/Stellungnahme zur Aufmerksamkeitsdefizit-/Hyperaktivitätsstörung (ADHS). Im Internet: http://www.bundesaerztekammer.de/downloads/ADHSFAQ.pdf; Stand: 26.08.2005

9 www.schmerzliga.de/download/Opioidausweis.pdf

10 Bundesinstitut für Arzneimittel und Medizinprodukte. Verzeichnis der für den Vollzug des Arzneimittelgesetzes zuständigen Behörden, Stellen und Sachverständigen. Im Internet: www.bfarm.de/DE/Bundesopiumstelle/BtM/reisen/reisen-inhalt.html?nn=1010386; Stand: 09.11.2010; Zugriff: 24.07.2012

11 International Narcotics Control Board. International guidelines for national regulations concerning travellers under treatment with internationally controlled drugs. Im Internet: www.incb.org/incb/en/guidelines_travellers.html; Zugriff: 24.07.2012

12 Bundesinstitut für Arzneimittel und Medizinprodukte. Bescheinigung für Reisende, die mit Betäubungsmitteln behandelt werden und mit diesen verreisen. Im Internet: www.bfarm.de/DE/Bundesopiumstelle/BtM/reisen/reisen-inhalt.html?nn=1010386; Zugriff: 24.07.2012

13 Auswärtiges Amt. Vertretungen anderer Staaten in Deutschland. Im Internet: http://www.auswaertiges-amt.de/DE/Laenderinformationen/VertretungenFremderStaatenA-Z-Laenderauswahlseite_node.html; Zugriff: 24.07.2012

14 Nationale Anti Doping Agentur, NADA. Im Internet: www.nada-bonn.de/service-information/downloads/formulare

15 Schänzer W, Clasing D, Herpertz-Dahlmann B, Guddat S, Sigmund G, Thevis M. Detection period of urinary metabolites of methylphenidate. Köln: Institute of Biochemistry German Sport University Cologne; 2006

16 Steinacker JM, Nething K. Methylphenidat (Ritalin), TUE-1 und die Wettkampffähigkeit: Deutsche Zeitschrift für Sportmedizin 2004; 55 (no. 4): 110–111

Sachverzeichnis